LA VIE DU BOUDDHA

Discovery Publisher

Titre Original: "The Story of The Buddha"
2014, Discovery Publisher

Pour l'édition française:
©2015, Discovery Publisher
Tous droits réservés.

Auteur : Edith Holland
Traduction [anglais-français] : Barbara Comblez
Édition : Audrey Lapenne
Responsable d'édition : Adriano Lucca

616 Corporate Way
Valley Cottage, New York, 10989
www.discoverypublisher.com
edition@discoverypublisher.com
facebook.com/discoverypublisher
twitter.com/discoverypb

New York • Paris • Dublin • Tokyo • Hong Kong

TABLE DES MATIÈRES

LA VIE DU
BOUDDHA

Avant-Propos

AVANT L'APPARITION DES livres, les événements historiques se transmettaient oralement. Naturellement, au fil du temps et à force d'être répété, le récit original s'altérait et de nombreux détails venaient l'étoffer. C'est pour cela que dans les anciennes histoires, faits et légendes s'entremêlent.

L'histoire que je vais vous raconter ne fait pas exception. Le récit de la vie du Bouddha évoluait de conteur en conteur et, au fur et à mesure qu'il s'éloignait du pays où les événements avaient eu lieu, des miracles et des merveilles s'y ajoutaient. Souvent, ces magnifiques légendes avaient un sens allégorique et étaient particulièrement appréciées en Orient.

Comme vous le verrez, il est parfois difficile de distinguer les faits des légendes qui s'y accolèrent au fil des ans. Mais, après tout, pourquoi s'en inquiéter ? Nous savons que les événements majeurs qui survinrent dans la vie du Bouddha étaient des faits historiques – le reste importe peu.

Chapitre I
L'Orient et l'Occident

J E VAIS VOUS raconter la vie d'un très grand homme. N'étant ni conquérant ou héros, sa grandeur était différente de la conception habituelle de la grandeur dans ce monde. En effet, il a été mendiant durant plusieurs années de sa vie. Bouddha est le nom sous lequel il est généralement connu ; mais avant de commencer mon histoire, je dois vous dire quelque chose concernant les endroits où il a vécu et enseigné, dans le mystérieux Extrême-Orient, qui est à tous points de vue bien différent de la partie du monde dans laquelle nous vivons.

La plus grande particularité de notre Occident moderne est le changement. Pensez aux changements qui ont eu lieu au cours des cent dernières années. La création et la mise en service des chemins de fer et des automobiles, de merveilleuses inventions et découvertes ont été réalisées en mécanique, il y a eu de grandes avancées scientifiques ; l'électricité fut mise en place pour éclairer nos maisons et nos villes et utilisée pour de biens autres usages. Si nos grands-parents pouvaient voir notre monde occidental comme nous le voyons, ils auraient du mal à le reconnaître.

Les peuples orientaux n'ont que faire de tels changements et les points sur lesquels ils n'ont pas été déstabilisés par les idées occidentales, leurs manières de vivre et leurs coutumes sont restées inchangées pendant des centaines d'années. Si l'un des patriarches dont nous lisons les paroles dans la Bible venait à visiter les endroits où il avait auparavant vécu, il y retrouverait un monde familier et les choses banales de la vie de tous les jours ne seraient pas bien différentes de celles dont il aurait le souvenir que ce dont il aurait le souvenir. Il verrait les bœufs fouler le grain et les femmes porter leurs cruches au puits comme elles le faisaient il y a plus de deux mille ans. Même l'apparence des gens n'aurait que peu changé, car il n'y a pas eu de nouvelle mode en Orient, et même les élégantes draperies portées aux temps des patriarches sont encore visibles de nos jours.

L'empressement qui caractérise nos vies est aussi un contraste étrange avec le mode de vie passif et rêveur de l'Orient. La plupart des occidentaux sont occupés et impatients de faire le maximum de choses possibles dans une journée.

S'ils ne sont pas au travail, ils sont très occupés à se divertir et peu d'entre eux prennent encore le temps de se poser pour penser, considérant cela comme une perte de temps. Mais en Orient, personne ne se presse sans y être contraint et on accorde peu d'intérêt au temps ou à la ponctualité.

L'Occident est ainsi le nouveau monde de l'action et du progrès et l'Orient l'ancien monde de la pensée. On ne peut dire que l'un a raison ou que l'autre a tord. Les différents peuples de l'humanité possèdent différentes qualités et essaient d'améliorer le monde de la façon qui leur parait la meilleure. Ainsi, les Grecs nous ont enseigné la vraie beauté et nous ont laissé des modèles de beauté jamais égalés. Les pays occidentaux se sont surtout spécialisés dans la science et les arts mécaniques, auxquels nous devons notre confort et la plupart des commodités de la vie de tous les jours existants aujourd'hui. Mais c'est vers Orient que nous devons nous tourner pour trouver les pensées spirituelles à la base des religions qui ont profondément influencées notre monde. C'est de là que viennent tous les grands enseignants de l'humanité : Moïse, Bouddha, Mohammed le prophète d'Arabie ; et nous ne devons pas oublier que c'est à un peuple oriental, au milieu d'un cadre oriental, que le message du Christ a été délivré pour la première fois. Toute pensée profonde sur les questions spirituelles prend sa source en Orient et le monde Ferait mieux de se concentrer sur la sagesse orientale plutôt que sur le progrès ou la civilisation moderne. Cela ne devrait pas être important de devoir porter une cruche au puits pour y puiser de l'eau au lieu d'ouvrir l'eau chaude ou froide du robinet il serait beaucoup plus grave si vous n'aviez jamais entendu parler d'une vie au-delà de la vie terrestre et du royaume de la vertu.

Ainsi les objectifs de l'Orient et de l'Occident ont toujours été complètement différents. Mais qui peut affirmer lequel des deux a fait le meilleur choix?

· · · · · ·

Le nom même d'«Orient» a un son enchanteur et mystérieux et la première visite d'un pays oriental est comme ouvrir un nouveau livre de contes de fées étranges et magnifiques dans lequel rien ne ressemble aux expériences habituelles de la vie quotidienne.

Les couleurs magnifiques brillants davantage sous le ciel bleu saphir, les oiseaux au plumage vif, les fruits et les fleurs merveilleux et les nombreuses choses, nouvelles et étranges, vous donnent la sensation de vivre dans un pays onirique

Toutefois, vous ne devez pas imaginer l'Orient comme n'étant rien d'autre qu'un monde féerique rempli de délices. La tristesse y est présente comme partout ailleurs lorsqu'on regarde plus en profondeur. Dans les pays civilisés, les visions de misère et d'horreur nous sont cachées le plus possible et ceux d'entre nous qui ont la chance de vivre une vie facile sont rarement conscients de la misère qui règne dans le monde.

Mais en Orient, les choses suivent leur cours et les lois de la nature sont librement appliquées. «L'humanité toute entière gémit et souffre», cela nous est souvent rappelé par les tristes spectacles que l'on voit dans les villes orientales. Vous y verrez là-bas, des mendiants allongés à même le sol, comme l'était Lazare, avec leurs plaies exposées aux rayons du soleil brûlant, demandant l'aumône aux passants; et les escaliers menant à une mosquée ou à un bâtiment important sont souvent bondés d'une foule composée de personnes estropiées et aveugles. Il est possible qu'un homme passant dans la rue qui se couvre le visage, cache en fait un lépreux dont la peau est aussi blanche que la neige. Et en errant au milieu des rizières, il est possible que vous voyiez un bœuf agonisant encerclé par un groupe de vautours qui s'approchent aussi près qu'ils l'osent, dans l'attente du festin qui s'annonce.

Ainsi, la souffrance et la maladie sont des notions familières aux orientaux; ils sont plus patients et résignés que nous et craignent moins la mort. La tristesse de la vie est acceptée comme une chose qui se doit d'être. Nous remarquons cela de plusieurs manières. La musique est un langage qui exprime les pensées et les sentiments d'un peuple. Les musiques et les chansons qui deviennent populaires en Europe sont pour la plupart de nature joviale, mais la musique orientale est généralement triste et émouvante, bien qu'elle soit souvent très belle. Un petit air de musique plaintive, composé d'une série d'à peu près trois notes, se répète encore et encore dans une monotonie sans fin.

« Mais le fait que la vie soit dans l'ensemble triste est ancré dans leurs croyances. Les orientaux profitent tout de même des moments de joie dans leur vie. Ce sont des gens très naïfs qui apprécient les choses simples, un peu comme des enfants. Leur relation avec la nature est plus étroite que la nôtre. La civilisation moderne a tendance à rendre nos vies artificielles et nous passons la majeure partie de notre temps dans nos maisons, sortant à des intervalles précis pour faire de l'exercice ou pour s'amuser. À l'exception des quelques-uns d'entre nous qui ont étudié le sujet, nous savons peu de choses concernant les habitudes des oiseaux et des animaux qui nous entourent, et nous considérons la nature comme étant quelque chose d'entièrement à part. Mais cela n'est pas le cas en Orient. Les gens n'ont nul besoin d'étudier la nature dans les livres car ils vivent en harmonie avec elle et les animaux et leur quotidien en est rempli. Ainsi, vous verrez dans les plaines indiennes de petits garçons nus amenant les buffles brouter aux abords de la jungle, et voir les grandes bêtes les suivre docilement et les comprendre, bien qu'il soit souvent imprudent qu'un étranger occidental les approche.

Les religions indiennes sont en effet très anciennes et étaient pratiquées des centaines d'années avant l'arrivée du christianisme. Jadis, les Européens savaient très peu de choses à propos de ces vieilles religions et considéraient que tous ceux ayant une croyance différence que la leur étaient des païens et des idolâtres.

Ce n'est qu'à l'époque moderne que les savants ont appris les langues anciennes et ont ainsi été capables de comprendre les livres sacrés des hindous, des bouddhistes et d'autres croyances. Beaucoup de traductions de ces anciens écrits ont été réalisées au cours des derniers siècles et, à travers celles-ci, nous apprîmes que Dieu n'avait ni oublié ces gens, ni ne les avait laissé dans l'ignorance. Bien qu'ils n'aient pas eu l'opportunité d'avoir une connaissance complète de Dieu, il leur avait été donné assez de connaissance pour leur permettre de mener des vies nobles et pour les guider sur les sentiers de la vérité et de l'abnégation.

Chapitre II
Le Royaume des Sakyas

L E PEUPLE INDIEN a toujours été religieux; pour lui, la religion est très réelle et exerce une forte influence dans leur vie. La religion dominante en Inde est l'hindouisme où, comme on l'appelle souvent, le brahmanisme. Quoiqu'ayant connu plusieurs évolutions, cette religion existe depuis l'époque la plus lointaine dont nous ayons connaissance grâce aux archives. Elle serait née du culte des puissances de la Nature, ou plutôt du culte des êtres qui étaient censés contrôler ces puissances. Il y avait ainsi Indra, dieu de l'air ou du ciel, et Rudra, dieu de la tempête, dont les flèches en forme d'éclair foudroyaient les hommes et les bêtes. Il y avait un dieu du feu, un dieu du soleil, un dieu du vent, et la croyance voulait que tous ces dieux ou esprits entendent les prières des hommes et acceptent leurs sacrifices. Au fil du temps, de nouveaux dieux furent inventés et de nouveaux noms furent donnés aux anciennes divinités.

Petit à petit, les Indiens se sont éveillés à la foi en un Dieu suprême, bien supérieur à ces dieux de la Nature. Ils lui ont donné le nom de Brahma et voyaient en lui le créateur du monde, des dieux et des hommes, la source de la vie, où chaque être naît et meurt. Les Indiens croient depuis longtemps à la transmigration des âmes, c'est-à-dire la renaissance de l'âme dans un autre corps. Ils pensent que lorsqu'un homme meurt, son âme entre dans le corps d'un autre être qui est sur le point de naître dans le monde. Les bonnes et les mauvaises actions d'un homme déterminent les circonstances de sa vie suivante : s'il a été bon, il renaîtra et jouira d'un état plus heureux, mais s'il a été mauvais, il renaîtra dans la tristesse et la misère, dans le corps d'un homme ou d'un animal. Les hindous croient que la plupart de nos malheurs sont des punitions pour des péchés commis dans une vie antérieure. Ils éprouvent une grande compassion pour les animaux car ils sentent qu'eux aussi possèdent une âme comme la leur et s'efforcent d'atteindre un état de perfection. Mais un homme doit vivre un nombre incalculable de vies avant que son âme ne soit parfaite et prête à s'unir à Brahma. C'est vers ce dernier que toute vie doit finalement retourner, tout comme l'humidité qui s'évapore de la mer et retombe sur la terre sous forme de pluie trouve son chemin vers la rivière et retourne ainsi à l'océan. Lorsque l'âme est enfin parfaite, elle ne renaît plus dans le monde et ne connaît plus les souffrances de la vie mortelle, mais atteint une paix éternelle. Cette délivrance, cette union avec Brahma, est recherchée par tous les hindous pieux.

Même si de nombreux dieux étaient vénérés, des hommes réfléchis ou des philosophes ont cru très tôt que tous ces dieux secondaires n'étaient que des symboles de Brahma, le grand créateur. Ces hommes saints ont abandonné toutes leurs occupations terrestres pour rejoindre les grandes forêts où ils pouvaient vivre sans être dérangés, penser aux mystères de la vie, de la mort et du monde au-delà de la tombe. Ils pensaient qu'en soumettant leur corps au jeûne, ils éclaireraient leur esprit et seraient capables de comprendre les grandes vérités qu'ils recherchaient. Les Indiens respectaient profondément ces hommes saints en raison de leur sagesse et de leur savoir. Tous, jusqu'aux rois, s'inclinaient devant eux et leur demandaient des conseils sur des questions importantes.

Jadis, l'Inde n'était pas menée par un seul homme mais était divisée en de nombreux petits États. Les dirigeants de ces États étaient des radjas, ou des rois, mais leurs royaumes étaient parfois très petits. En se penchant sur la carte de l'Inde, on comprend mieux où se sont déroulés les événements dont je vais vous parler. Il faut d'abord trouver le Gange, car c'est sur les terres fertiles bordant les deux rives de ce grand fleuve que le héros de cette histoire a passé de nombreuses années de sa vie, allant d'un endroit à l'autre pour enseigner sa doctrine. Ce qui est aujourd'hui la région de l'Awadh était à l'époque le puissant royaume de Kosala ; l'État de Bihar, à l'est de l'Awadh, était quant à lui le royaume de Magadha. Vous entendrez beaucoup parler de ces deux royaumes au cours de ce récit.

La partie nord-est de l'Awadh est traversée par la rivière Rapti ; à l'est de cette rivière s'étend une longue bande de terre fertile et bien irriguée où se trouvent nombre de rizières, de belles forêts et de plantations de manguiers et de tamariniers. Au temps de notre récit, ce territoire était un petit État indépendant, pas plus grand que l'Île-de-France, délimité à l'est par la Rohini, qui se jette dans la Rapti à hauteur de la ville actuelle de Gorakhpur, et au nord par les sombres montagnes du Népal, au-delà desquelles pointent les sommets enneigés de l'Himalaya. Les habitants de cet État portaient le nom de Sakyas et sur les rives de la Rohini s'étalait leur capitale, Kapilavatthu. Les noms orientaux sont toujours assez difficiles à retenir et, comme celui-ci est important et ne doit pas être oublié, je vais vous raconter l'histoire de la fondation de la ville, et vous comprendrez alors le sens de ce nom, ainsi que de celui de la tribu qui possédait cette terre.

Il y a très, très longtemps, un temps si profondément enfoui dans la brume épaisse d'autrefois qu'il est impossible d'en connaître la date, vivait un roi qui avait cinq fils. Il régnait sur un pays du nom de Potala. Il avait promis à la reine de nommer son plus jeune fils héritier du trône et, lorsque cet enfant eut grandi, ses quatre frères aînés furent bannis. Aux côtés de leurs sœurs et de nombreux suivants, ils quittèrent le palais royal et partirent chercher fortune ailleurs. Ils voyagèrent de longs et épuisants jours vers le nord et arrivèrent enfin sur une terre riche et fertile, où des rivières serpentaient et où des forêts denses poussaient, et où l'on pouvait voir au loin les blancs sommets de l'Himalaya se dresser sur le bleu profond du ciel.

Les quatre frères mirent fin à leur errance au bord d'une rivière paisible, bâtirent des huttes de feuilles pour s'abriter et chassèrent les bêtes sauvages des jungles avoisinantes pour se nourrir. Là, sur les berges de la rivière, vivait un ermite, un homme saint qui s'était retiré du monde pour méditer pieusement jour après jour. Kapila, c'était le nom de cet ermite, donna aux frères nombre de sages conseils et les convainquit de fonder une ville. Il en traça les contours à l'aide d'eau et de sable d'or et lorsque Sa construction fut achevée, la ville fut nommée Kapilavatthu. Le mot « vatthu » signifie « terre » et comme l'ermite Kapila avait fait don de la terre où reposait la ville, celle-ci fut baptisée Terre de Kapila, Kapilavatthu.

Quelque temps plus tard, le roi de Potala, s'interrogeant sur le sort

La Prophétie des Sages
(Sidney Stanley)

de ses quatre fils, reçut le récit de leur aventure. Apprenant comment ils avaient erré en des terres inconnues et y avaient fondé leur propre ville, le roi fut émerveillé par leur courage, et les surnomma selon ses termes : ses « fils audacieux » Et à partir de ce jour, les fils du roi, ainsi que leurs descendants, furent connus sous le nom de Sakyas, qui signifie « les audacieux » ou « les intrépides ». C'est ainsi que le royaume des Sakyas fut fondé. Les récits d'antan racontent qu'une centaine de rois succédèrent à ces jeunes plein de hardiesse et régnèrent sur le territoire de Kapilavatthu. Au fil du temps, une deuxième ville, Koli, fut construite de l'autre côté de la rivière Rohini.

Cinq à six cents ans avant la naissance du Christ, le roi Shuddhodana régnait sur la terre des Sakyas. Il descendait de l'un des quatre frères dont je viens de vous conter l'histoire. Le roi Shuddhodana épousa les deux filles du roi de Koli, qui était de sa famille. Les femmes du roi s'appelaient Maya et Pajapati. Jusque là, aucune des deux n'avait d'enfant et le roi était fort peiné de n'avoir aucun fils pour lui succéder.

Il se trouva que la reine Maya fit quatre rêves au cours desquels de nombreux signes et merveilles lui apparurent. Dans le dernier, elle vit une foule de gens qui s'inclinaient devant elle. Les rêves étant considérés comme d'importants présages, le roi fit quérir soixante-quatre sages au palais et leur demanda d'expliquer la signification des rêves de la reine. Un festin fut préparé et du riz et du miel furent servis dans des plats d'or et d'argent. Du bétail et des robes de soie somptueuses furent offerts aux sages, reçus avec le plus grand honneur. Après avoir discuté de la signification des rêves, ils dirent à la reine de se réjouir car elle allait avoir un fils qui porterait sur lui les trente-deux marques d'un grand homme. Mais il faudrait choisir entre deux types de grandeur. « Si, dirent les sages, il reste dans le palais royal, il deviendra un puissant dirigeant comme le monde n'en voit qu'un tous les dix mille ans ; ses conquêtes s'étendront aux confins de la terre et toutes les nations s'inclineront devant lui. Mais, poursuivirent-ils, s'il choisit de renoncer au monde, de quitter sa maison et de vivre sans toit, de se raser la tête et de porter des vêtements de mendiant, alors il deviendra un grand saint, un être éclairé ».

Le moment venu, la reine Maya eut un fils et les réjouissances sur la terre des Sakyas furent grandes. Les légendes racontent les nombreux signes et miracles qui furent observés au moment de la naissance de l'enfant. La nature tout entière semblait se réjouir – des sources d'eau jaillissaient de la terre aride, des brises fraîches parcouraient doucement les forêts, et une lumière éclatante illuminait toute la terre. Le monde des esprits se réjouissait et les devas, les anges, firent des offrandes de fleurs au nouveau-né.

Dans une montagne de l'Himalaya demeurait un homme saint. Apprenant la naissance de l'enfant, il vint le voir et, le prenant dans ses bras, fit une prophétie : il deviendrait un Bouddha, un Éveillé. « Mais, dit le vieil homme avec tristesse, je ne le verrai pas de mon vivant ». Et le roi Shuddhodana, recevant la nouvelle de la future grandeur de l'enfant, s'inclina devant lui.

Sept jours suivants la naissance de son fils, la reine Maya mourut, mais sa sœur Pajapati, l'autre femme du roi, prit soin de cet enfant comme du sien et devint une seconde mère pour lui. Le prince fut nommé Siddhartha et grandit dans la maison de son père, aimé de tous.

Chapitre III
La Jeunesse de Siddhartha

COMME VOUS ALLEZ le voir, le héros de notre histoire porte plusieurs noms : Bouddha, Siddhartha et Gautama. Siddhartha est le nom que le prince reçut de ses parents, de la même manière que nous sommes attribués un nom chrétien. Gautama était son nom de famille et, curieusement, ce patronyme est encore porté par les chefs du village indien qui se dresse sur l'ancien site de Kapilavatthu. Quant à la troisième désignation, Bouddha, c'est-à-dire « l'Éveillé » ou « l'Illuminé », n'est en fait pas un nom mais bien un titre que Gautama reçut lorsqu'il atteignit le plus haut niveau de connaissance et devint un professeur de l'humanité. Souvent, on l'appelle Gautama Bouddha. Les fidèles ont donné beaucoup d'autres titres à leur maître ; ainsi, à l'heure actuelle, celui de Shakyamuni, « l'homme sage des Sakyas », est régulièrement employé par les bouddhistes chinois. Notre héros porte aussi, entre autres, les titres de Sakya-Sinha, « le lion des Sakyas », Jina, « le conquérant » et Bhagavat, « le bienheureux ». Mais pour parler de l'époque où le prince, héritier du trône, vivait dans la demeure de son père, nous utiliserons le nom de Siddhartha.

Le roi Shuddhodana était aux petits soins pour son fils. Celui-ci, encore dans les bras de sa nourrice, gagnait par sa beauté et sa douceur l'affection de tous ceux qui s'approchaient de lui. Mais tandis que le roi observait l'enfant, les prophéties des sages lui revenaient à l'esprit et le tourmentaient. « S'il reste au palais, il deviendra un grand monarque, mais s'il part vivre dans la nature, il deviendra un Bouddha, un professeur de l'humanité. » Et le roi rêvait de garder son fils à ses côtés et de le voir couronné, jouissant d'une grandeur terrestre. Il décida de l'entourer de somptuosités pour qu'il puisse être heureux de rester au palais et il exigea qu'aucune vision triste ou affreuse ne soit présentée aux yeux du prince. Pas un être laid ou difforme ne devait s'approcher de la demeure ;

des nourrices belles et séduisantes s'occupaient du prince et une légion de serviteurs se tenaient prêts à satisfaire tous ses désirs.

La terre des Sakyas était riche et fertile. De larges rivières serpentaient depuis la chaîne himalayenne et sillonnaient les nombreuses rizières qui recouvraient les basses terres, entre les forêts épaisses. L'agriculture était l'activité principale des Sakyas et, le riz étant leur aliment de base, ce grain était aussi précieux pour eux que le blé ne l'était pour les peuples européens et américains. Le roi Shuddhodana lui-même possédait des hectares de terres cultivées. D'ailleurs, pour l'anecdote, le nom « Shuddhodana » signifie « riz pur ». À nos oreilles occidentales, cela peut paraître étrange, mais ce n'est finalement que l'équivalent de « Beauchamps », par exemple, qui a sans doute été porté, à l'origine, par un homme qui possédait un champ.

Chaque année, un festival de labourage était organisé. Le roi et tous les seigneurs sakyas y participaient. La ville de Kapilavatthu se parait de drapeaux et de guirlandes de fleurs et un air de vacances embaumait les rues tandis que les foules aux tenues colorées se dirigeaient en direction de l'endroit choisi pour le festival. Un millier de charrues étaient préparées et à chacune étaient attelés deux bœufs. Le roi en personne, ainsi que ses ministres, prenaient part à la fête. La charrue du roi était recouverte d'or, de même que les cornes de ses bœufs ; les ministres, quant à eux, avaient des outils ornés d'argent.

Alors que le prince Siddhartha n'était encore qu'un jeune enfant, il fut emmené à ce festival. Le roi était si fier de son fils qui était si beau, qu'il voulu que tout le monde le voie et l'acclame, lui, leur futur roi. Le cortège royal quitta le palais en grande pompe. Il est facile d'imaginer la joyeuse scène : des ruelles étroites envahies par des hommes, des chars, des chevaux, des éléphants, et cette agitation, ce brouhaha typique des villes orientales. Des tambours annonçaient l'arrivée du cortège et les gens s'écartaient au passage du roi et de ses ministres, ce roi dont les habits brillaient d'or et de joyaux.

Lorsqu'ils arrivèrent aux champs, le roi ordonna que la couche du petit prince fût posée à l'ombre d'un jamblon, légèrement à l'écart de la foule. Un dais fastueux fut placé au-dessus du palanquin, lui-même entouré de rideaux.

Alors que le roi était parti labourer, les nourrices du prince, entendant les cris et les acclamations de la foule, se précipitèrent pour profiter du joyeux spectacle, pensant retourner très vite auprès de l'enfant. Mais elles étaient si absorbées par l'événement que, regardant le roi et ses nobles diriger leurs charrues d'or et d'argent, elles oublièrent le petit prince. Soudain, les nourrices remarquèrent que le soleil s'était fortement déplacé vers l'ouest. Elles se hâtèrent de retourner auprès de l'enfant, s'attendant à trouver sa couche exposée aux rayons d'un soleil indien accablant. Quelle ne fut pas leur surprise lorsqu'elles découvrirent que l'ombre épaisse du jamblon protégeait encore le prince, alors que les ombres de tous les autres arbres s'étaient déplacées avec le soleil. En écartant les rideaux, elles trouvèrent l'enfant assis en tailleur, comme un homme saint indien s'assied pour méditer.

La nouvelle de ce miracle fut très vite portée au roi Shuddhodana. Lorsque celui-ci arriva et vit l'ombre de l'arbre, il s'émerveilla, s'inclina devant son fils et lui rendit hommage.

Il est tout naturel que les histoires de la vie de grands hommes s'imprègnent des récits de miracles et de merveilles. Il faut garder à l'esprit qu'à l'époque où se déroule cette histoire (c'est-à-dire entre le sixième et le septième siècle avant Jésus-Christ), il n'y avait pas de trace écrite des événements. Toutes les histoires se transmettaient oralement et se racontaient encore bien des années après qu'elles n'aient eu lieu. Et au fil du temps, même si les Indiens ont une mémoire extraordinaire, c'est tout naturel que la vérité et la légende finissent par s'entremêler. Il faut prendre ces vieux contes comme ils se présentent, leurs faits historiques embellis d'une auréole de gloire, tout comme nous prenons le coucher de soleil comme il se présente, dans la brume du soir, habillé de robes mauves et dorées. Les Indiens ont toujours cru en l'existence des esprits et des fées ; chaque arbre est censé avoir un esprit protecteur ; on croyait sans doute que l'esprit du jamblon avait protégé le petit prince laissé seul, et ainsi cette histoire devint la jolie légende de l'ombre.

Lorsque le prince Siddhartha fut assez âgé pour apprendre ses leçons, il fut envoyé chez un vieux sage, qui enseignait à cinq cents autres enfants de Sakya. Mais Siddhartha les dépassait tous par ses connaissances. En arithmétique et dans toutes autres les matières, il semblait en savoir autant que son professeur. Il apprit également à apprivoiser les éléphants et, l'un de ses oncles lui appris à manier l'arc.

Siddhartha avait un demi-frère du nom de Nanda et un cousin appelé Devadatta. Il est probable qu'ils jouaient souvent ensemble dans les jolis jardins du palais qui s'étendaient le long de la rive du fleuve. Devadatta avait mauvais caractère et il afficha dès le début un tempérament envieux. Il ne supportait pas que tout le monde apprécie autant son cousin Siddhartha. Toute sa vie, il fit son possible pour s'opposer à lui.

Un jour, un arbre imposant, qui se dressait sur les rives de la Rohini, fut déraciné lors d'une tempête et tomba en travers de la rivière. L'arbre faisait barrage et tous les champs autour de Kapilavatthu étaient inondés. La ville de Koli, elle un peu plus en aval, souffrait d'une grave pénurie d'eau. L'arbre était si lourd que les gens ne parvenaient pas à le sortir de la rivière, en dépit des efforts de tous les jeunes sakyas. Mais Siddhartha, qui était désormais un jeune homme reconnu pour sa grande force, s'approcha du tronc et le retira sans difficulté. Tandis que le prince traversait les jardins royaux pour se rendre à la rivière, une volée d'oies sauvages passa au-dessus de sa tête. Voyant cela, Devadatta tira une flèche et l'un des oiseaux s'effondra, blessé, juste devant Siddhartha. Celui-ci ressentit un élan de compassion pour le pauvre animal ensanglanté qui gisait à ses pieds. Il le souleva, retira la flèche et pansa la plaie avec précaution. Un messager envoyé par Devadatta arriva alors pour récupérer l'oie mais Siddhartha refusa d'obtempérer, affirmant qu'elle appartenait à celui qui lui avait sauvé la vie et non pas à celui qui avait tenté de la tuer. Ce fut la première querelle qui opposa les deux cousins.

Quand Siddhartha atteignit l'âge adulte, le roi décida qu'il était temps pour lui de se marier. Il espérait qu'en lui offrant tous les plaisirs que le monde peut donner, il empêcherait l'accomplissement de la prophétie et que le prince resterait au palais. Shuddhodana fit construire trois magnifiques palais pour son fils, un pour chacune des trois saisons : le premier protégeait de la chaleur de l'été, le deuxième, du froid de l'hiver, et le troisième, de la saison des pluies. En Inde, le climat n'est pas aussi capricieux qu'en Europe ; la chaleur, le froid et la pluie ont leur propre saison.

Le palais conçu pour abriter ses occupants de la chaleur accablante de l'Inde comprenait des cours de marbre froid, des terrasses découvertes et un jardin ombragé rempli de grands arbres. Le palais d'hiver était couvert de bois, de tapis épais et de peaux de tigres. Et le palais de la saison des pluies était en brique et en tuiles colorées. Ces palais majestueux comptaient neuf, sept et cinq étages.

Pour en revenir au mariage du prince, il faut savoir que de toutes les filles sakyas, aucune n'était aussi charmante et belle que la princesse Yasodhara, cousine de Siddhartha. C'est donc elle que le roi choisit pour épouser son fils. Lorsque la cérémonie du mariage eut lieu, Kapilavatthu fut décorée telle une cité des dieux. Les festins et les réjouissances se prolongèrent des jours durant. Siddhartha aimait tendrement sa délicieuse épouse, qui était aussi douce et bonne qu'elle n'était belle, et tous deux ont, semble-t-il, vécu heureux ensemble dans les demeures somptueuses que le roi avait construites pour son fils.

Shuddhodana dut se sentir apaisé lorsqu'il vit son fils apprécier tout le faste et le luxe qui l'entourait. Quarante mille filles dansaient, parées d'habits magnifiques, de voiles de toutes les couleurs et de bracelets qui tintaient à leurs poignets et à leurs chevilles. Certaines avaient de douces voix et pouvaient chanter de jolies chansons, d'autres savaient jouer du luth, de sorte que dès que le prince était las ou voulait se divertir, il n'avait qu'à demander une chanson, une danse, une petite mélodie, et son vœu était immédiatement exaucé.

Après un certain temps, les frères du roi et d'autres seigneurs sakyas eurent l'impression que Siddhartha consacrait trop de temps à s'amuser. « Il n'est pas normal, disaient-ils, que le fils du roi ne pense qu'à son propre plaisir, n'apprenne aucune de ces choses qu'un homme doit connaître. Si une guerre éclatait, comment pourrait-il mener les Sakyas au combat ? » se confièrent-ils alors au roi. Quand Shuddhodana dit à son fils que son entourage se plaignait car il négligeait ses devoirs, Siddhartha répondit qu'il mettrait son talent à l'épreuve, en concourant avec les plus braves du royaume dans toutes les disciplines réservées aux hommes. Une date fut décidée et les crieurs publics parcoururent la ville, tambour battant, pour annoncer l'événement.

Le peuple afflua en grand nombre pour voir le prince et les jeunes nobles déployer leur talent à l'arc, à l'épée et dans tous les arts que les Sakyas se devaient de maîtriser. Certains des archers visaient avec une telle précision qu'ils pouvaient transpercer un cheveu. Devadatta avait toujours été considéré comme le meilleur archer et Nanda était un épéiste réputé, mais Siddhartha les surpassa tous les deux. Dans un temple, le grand arc qui avait appartenu au grand-père de Siddhartha, Simhahanu, était suspendu depuis longtemps. On le fit descendre pour que les jeunes hommes puissent éprouver leur force. Mais aucun ne fut capable d'en tendre la corde, sauf Siddhartha. Et quand il tira, sa flèche vola si loin que la foule tout entière s'émerveilla. À chaque épreuve de force et de talent, Siddhartha l'emportait.

Les seigneurs sakyas n'avaient dès lors plus de raison de s'inquiéter que le prince ne fût en retard dans son apprentissage des arts masculins et ils reconnurent tous qu'il était un fils digne de la grande lignée dont il était issu.

Chapitre IV
Le Grand Renoncement

DANS LE CHAPITRE précédent, nous avons parlé du mariage du prince et de Yasodhara ainsi que des jeux de guerre au cours desquels il avait surpassé tous ses adversaires et récupéré ainsi l'estime des seigneurs sakyas. Des dix années suivantes de la vie de Siddhartha, nous ne savons rien : les vieilles histoires sont muettes. Nous le retrouvons à l'âge de vingt-neuf ans, alors qu'il vit toujours dans le faste dont l'entoure son père pour que son cœur soit en quête de gloires terrestres. Et Shuddhodana, au fond de lui, espérait encore que son fils devienne l'un des plus grands dirigeants que le monde ait jamais vu. « S'il ne quitte pas sa demeure d'ici douze ans, il deviendra le roi de la planète tout entière », avait dit un sage, et cette période était pratiquement écoulée.

Il est certain que pendant ces dix années, Siddhartha a longuement réfléchi à beaucoup de choses. Les Indiens ont l'esprit très curieux et leur imagination est vive ; les grandes questions de religion font depuis toujours l'objet de discussions entre hommes savants. Peut-être l'idée selon laquelle il était né pour aider le monde avait déjà éclos dans l'esprit de Siddhartha, sans qu'il ait nécessairement compris comment il pourrait le faire. Dès sa prime jeunesse, il avait fait preuve d'une grande compassion à l'égard de tous les êtres vivants, hommes ou animaux, mais de la vraie souffrance et de la misère, le prince ne savait encore rien. Le roi avait si bien veillé sur son fils que ce dernier n'avait jamais rien vu de triste ou de terrible, n'avait jamais rien entendu du chagrin, n'avait jamais eu vent de la maladie ou de la mort. Lorsqu'il parcourait la ville dans son char, il ne voyait que des gens à l'air heureux et satisfait, car les estropiés, les malades et les aveugles avaient l'obligation de rester en dehors de son champ de vision.

Vous vous demandez peut-être pourquoi Shuddhodana était si inquiet à l'idée que son fils pût voir quelque chose qui bouleverse son esprit. S'il était ainsi préoccupé, c'est parce qu'une prophétie avait un jour dit que le prince ne quitterait pas sa demeure aussi longtemps qu'il n'aurait pas vu quatre choses qui, mettant en évidence la tristesse de la vie mortelle, l'impressionneraient tant qu'il renoncerait au monde. « S'il ne voit pas ces choses, raisonnait le roi, il ne deviendra jamais un vagabond et il deviendra alors le plus grand monarque jamais connu. »

Un peu à l'écart du palais, il y avait de splendides jardins où Siddhartha se rendait parfois en char. Des arbres au parfum sucré projetaient une ombre agréable lorsque le soleil était au zénith et plusieurs magnifiques variétés de fleurs de lotus s'ouvraient au bord d'un lac cristallin dans lequel le prince se baignait les soirs d'été. Un jour, Siddhartha voulut aller dans ces jardins et il appela donc Channa, son fidèle conducteur de char. Il lui demanda de préparer son char car il souhaitait traverser la ville pour rejoindre ce lieu de plaisir. Le prince monta dans son char scintillant, dont les brides dorées entraînaient quatre chevaux blancs comme le lait. En parcourant la ville, les gens s'attroupèrent pour le voir et s'inclinèrent devant lui, car tous l'aimaient pour sa beauté et sa douceur. Et Siddhartha regardait son peuple avec bonté et se réjouissait de les voir si heureux.

Soudain, au milieu de la route, juste devant le char du prince, un vieil homme arriva en titubant. Son corps était voûté par le poids des années et il s'appuyait sur un bâton car ses jambes étaient si faibles et si ratatinées qu'il pouvait à peine se tenir debout. Les quelques cheveux sur la tête du vieillard étaient blancs, ses yeux étaient troubles et vitreux et il tendait une main flétrie, demandant l'aumône.

Siddhartha n'avait jamais vu de spectacle aussi désolant et il en fut tout secoué. Se tournant vers Channa, il demanda : « Pourquoi cet homme est-il si différent des autres ? Qu'est-ce qui l'a changé au point que même cheveux sont d'une autre couleur que ceux des hommes ordinaires ? Ou peut-être a-t-il toujours été comme cela ? » Channa lui fit une réponse soufflée par les anges : « Prince, c'est la vieillesse. Cet homme a vécu de nombreuses années. Tous les hommes finissent comme lui s'ils vivent assez longtemps. »

Siddhartha ordonna à Channa de le ramener au palais. Il n'était pas d'humeur à profiter des délices des lieux les plus plaisants. Il se fit silencieux et pensif. Il ne pouvait effacer l'image du vieil homme sans défense et il eut l'impression que le soleil s'était assombri et que toutes les beautés de la terre s'étaient évanouies. Lorsque le prince atteignit le palais, Shuddhodana demanda aux domestiques pourquoi le prince était rentré si tôt de sa promenade. Lorsqu'il apprit que son fils avait vu un vieil homme, le premier des quatre présages, il fut pris d'un profond désarroi. Espérant distraire Siddhartha et lui faire oublier sa tristesse, le roi fit exécuter aux jeunes filles leurs danses les plus gracieuses et les fit chanter leurs airs les plus doux devant le prince. Des gardes furent postés autour de la ville, aux quatre points cardinaux, avec l'ordre exprès d'arrêter le prince si d'aventure il cherchait à s'enfuir.

Petit à petit, l'image du vieil homme se dissipa dans l'esprit de Siddhartha, comme se dissipe au fil du temps le souvenir des choses tristes ou désagréables. Alors un jour, il fit à nouveau préparer son char et il partit pour les jardins. Mais il n'était pas encore bien loin lorsqu'il vit un homme étendu le long de la route. Il semblait souffrir d'une grande douleur ; son corps était gonflé et décoloré. Il gémissait, exprimant son agonie, trop faible pour se relever. Siddhartha, ému et pris de compassion, sauta de son char pour voir comment il pouvait aider le pauvre homme. Il interpella Channa : « Qu'est-il arrivé à cet homme pour qu'il ne puisse plus se tenir debout ? Comment a-t-il perdu l'usage de ses forces, et pourquoi est-il dans une telle détresse ? » Channa répondit : « C'est la maladie. Chaque homme vit en sachant qu'il pourrait être soudain frappé par un mal et devenir comme cet homme. » Et là encore, le prince rentra au palais car il sentait que tous les plaisirs étaient vains lorsqu'une tristesse aussi insondable affligeait notre monde.

Puis, à nouveau, le prince sortit en char et cette fois il vit des hommes portant une forme immobile et sans vie sur leurs épaules. Des femmes aux cheveux en bataille les suivaient, poussant de bruyants gémissements et pleurant amèrement. Siddhartha les regarda, stupéfait et ébahi : « Que font ces hommes ? demanda-t-il à Channa, et quelle est cette forme immobile qu'ils portent ? » Channa répondit : « Ô Prince, tous les hommes seront un jour cette forme

Siddhattha et le malade
(Sidney Stanley)

immobile, une fois la vie écoulée. Ce que vous voyez, c'est la mort.» Et le prince rentra au palais, profondément triste et pensif; une par une, les gloires de la terre semblaient disparaître. Le bonheur n'était qu'un songe, une vision éphémère qui, à peine aperçue, s'évanouissait.

Le roi était désormais en proie au désespoir. Toute son attention et sa vigilance s'avéraient vaines et Siddhartha avait vu trois des quatre présages qui, selon la prophétie, devaient le faire renoncer au monde. Il n'en restait qu'un et Shuddhodana se disait qu'il serait perdu s'il ne parvenait à empêcher son fils de le voir.

Craignant que Siddhartha n'essaie de s'enfuir pendant la nuit, le roi augmenta le nombre de sentinelles à chaque poste. Lui-même surveillait la porte est de la ville tandis que ses trois frères, tous accompagnés de nombreux gardes, montaient la garde aux portes nord, sud et ouest. Un détachement mené par Mahanama, neveu du roi, stationnait au centre de la ville et patrouillait les rues toutes la nuit.

Et un jour, le prince sortit encore en chariot avec Channa. En route pour les jardins, il remarqua un homme qui ne ressemblait en rien à ceux qu'il avait vus dans sa vie. Il portait des vêtements unis, orange terne, et ses cheveux et sa barbe étaient rasés. Il portait un bol dans sa main et allait de maison en maison pour quémander des restes de nourriture. Siddhartha fut si frappé par l'expression paisible et heureuse du mendiant qu'il interrogea Channa. Ce dernier, qui répondait toujours ce que lui susurraient les anges, répondit: «L'homme que vous voyez, ô prince, est bon et droit. Il a abandonné le monde et, ayant renoncé à tout, il est obligé de mendier de la nourriture chaque jour.»

Siddhartha s'arrêta et parla à l'homme. Et soudain, tous ses doutes et difficultés s'effacèrent et ce qu'il devait faire lui apparut très clairement. Il se dit: «Je ferai ce que cet homme a fait; je vais donner tout ce que je possède et je vais me livrer à l'errance. Ainsi je trouverai la paix de l'esprit et j'apprendrai la sagesse qui permet d'enseigner à l'humanité comment surmonter les misères de la vie mortelle.» Ayant pris cette décision, Siddhartha poursuivit sa route jusqu'aux jardins, rempli d'une paix qu'il n'avait pas ressentie depuis des jours. Il passa la journée à profiter des beautés de ces terres de plaisir et, le soir, il se baigna dans le lac. Il se reposa ensuite sur une grande pierre plate tandis que ses domestiques lui apportaient des parfums, des pommades et des robes sublimes et bigarrées. Le prince s'autorisa à être paré de ces splendeurs. Son turban, un long voile enroulé sur sa tête, formait de nombreux plis et était attaché à l'aide de bijoux étincelants. « C'est la dernière fois », pensa-t-il, « que je porte ces vêtements ».

Au moment où Siddhartha allait monter dans son char, un messager arriva et annonça que la femme du prince, Yasodhara, avait donné naissance à un fils. Siddhartha devint pensif et dit : « Il me sera dur de briser ce nouveau lien, c'est une entrave ». Il voulait dire par là qu'avec la naissance de l'enfant, il lui serait d'autant plus difficile de quitter sa demeure et ceux qu'il aimait. Quand Shuddhodana apprit ce qu'avait dit le prince, il nomma son petit-fils « Rahula », qui signifie « entrave ».

En rentrant, le prince trouva la ville en liesse ; la foule fêtait la naissance d'un successeur au trône, Rahula étant l'unique petit-fils du roi. L'accueillant avec des cris de joie, le peuple suivit le char du prince, s'émerveillant de son apparence glorieuse. Une jeune fille, la cousine de Siddhartha, observait la procession depuis le toit de sa maison. Elle chanta un couplet ravissant pour le saluer et dire comme la mère, le père et la femme d'un prince si glorieux étaient bénis. Siddhartha se dit : « Béni soit celui qui surmonte tous les problèmes de l'esprit, pour un tel homme est la bénédiction de la paix », et il envoya à la jeune fille un collier de perles pour la remercier de sa jolie chanson.

Cette nuit-là, de la musique et de douces chansons flottaient dans les couloirs du palais et les danseuses, belles tels des êtres célestes, allaient et venaient gracieusement, leurs bracelets tintant sur leurs chevilles. Cent lampes éclairaient la scène d'une lumière féerique. Mais Siddhartha, épuisé par ce qu'il avait vécu, ne fit attention à aucune de ces choses et s'endormit. Les musiciennes et les danseuses, qui attendaient le réveil du prince, finirent par s'assoupir elles aussi.

À minuit, Siddhartha s'éveilla. Il se leva, se glissa silencieusement jusqu'à la porte de la chambre et appela Channa à voix basse. Celui-ci dormait sur le seuil et répondit : « Mon seigneur, je suis là. » « Va,

dit le prince, et prépare un cheval. Ce soir, je quitterai ma maison ! »
Et Channa obéit aux ordres de son maître. Siddhartha désirait ardemment tenir son fils dans ses bras avant de s'en aller, alors, à pas feutrés,
il s'approcha de la chambre de Yasodhara et regarda à l'intérieur. Grâce
à la faible lueur d'une lampe, il pouvait voir sa femme endormie sur
un lit de fleurs de jasmin, la main posée sur la tête du nouveau-né. Et
Siddhartha se dit : « Si je bouge sa main, je la réveillerai et elle ne me
laissera pas partir ». Alors il n'osa pas toucher l'enfant, mais il se tint debout et regarda ces deux êtres un moment. Puis dans un effort se reprit,
tourna les talons et partit.

Au clair de lune, Siddhartha descendit dans la cour du palais où Channa
l'attendait aux côtés de son cheval préféré, Kanthaka. C'était le premier
juillet, la lune était pleine et brillait d'une lumière si blanche que l'on
aurait pu croire que les neiges de l'Himalaya recouvraient la terre. Tout
était anormalement calme, il n'y avait aucun son si ce n'était le coassement
des grenouilles de la rivière. Le prince monta sur le dos de Kanthaka
et Channa s'agrippa à la queue du cheval et suivit son maître. Ils traversèrent les rues étroites de la ville, bruyantes et fourmillantes le jour,
mais silencieuses et désertes la nuit. Personne n'entendit le claquement
des sabots de Kanthaka, car les devas répandirent des fleurs sur son
chemin afin qu'aucun son ne puisse être perçu. Personne ne sut que le
prince Siddhartha s'éloignait du palais royal et chevauchait vers l'errance.

Alors qu'il s'approchait des portes de la ville, une ombre noire se dessina dans le ciel qu'éclairait la lune. C'était Mara le tentateur, l'esprit du
mal, qui cherchait à dévier le futur Bouddha de son chemin. « Restez,
mon seigneur, supplia-t-il, ne partez pas et dans sept jours je vous donnerai tous les royaumes de la terre et vous régnerez sur eux. » Siddhartha
répondit : « Je sais bien que je peux posséder les royaumes de la terre
mais je ne cherche pas la grandeur terrestre. Je m'efforcerai de devenir
un Bouddha et de réchauffer ainsi le cœur du monde entier. » Mara
ne put détourner Siddhartha de son but mais il le suivit de près, une
ombre cherchant une faille. Il pensait : « Dès qu'une passion rageuse
ou un désir mauvais s'éveillera dans son esprit, il me sera aisé de le dominer. » Quand Siddhartha arriva à la porte est de la ville, une porte

massive qui ne pivotait que sous l'action de nombreux hommes, il la trouva ouverte car les anges, heureux de l'existence d'un futur Bouddha, avaient facilité sa fuite. Et ils firent dormir les sentinelles d'un sommeil profond pour que le prince et Channa puissent sortir sans bruit et s'en aller dans la campagne.

Ils voyagèrent loin cette nuit-là et quand la lune se fut couchée et que le ciel du levant se mit à étinceler de la lumière dorée du jour, ils atteignirent les berges de la rivière Anoma, au-delà de la terre de Koli. Sur la plage de sable, le prince fit une halte et descendit de sa monture. Il ôta ses ornements royaux et les donna à Channa et le pria de rentrer à Kapilavatthu. Channa supplia son maître de rester à ses côtés pour le servir mais le prince refusa : «Tu dois rentrer, dit-il, et dire à mon père et à ma famille ce que je suis devenu.» Siddhartha dégaina ensuite son épée et coupa sa longue chevelure et sa barbe. Puis, trouvant que la belle robe de mousseline de Bénarès qu'il portait n'était pas appropriée pour un mendiant, il troqua ses vêtements contre ceux d'un pauvre homme qui passait par là.

C'est ainsi que se fit le «grand renoncement» : il renonça à son foyer, à son royaume, à ses richesses, à sa femme et à son enfant.

Et Channa retourna à la ville, pleurant et gémissant, après avoir abandonné son maître le long de la rivière dans les vêtements d'un mendiant.

Chapitre V
La Recherche de la Vérité

NOUS AVONS QUITTÉ Siddhartha au bord de la rivière Anoma, vagabond sans abri, alors qu'il venait de renvoyer Channa à Kapilavatthu pour que le malheureux roi soit informé du sort de son fils. Et Siddhartha, qui toute sa vie avait été servi par une armée de domestiques, qui avait connu le confort de lits moelleux et de beaux vêtements, qui avait été servi les mets les plus délicats dans des plats d'or et d'argent, n'avait désormais plus de point de chute et était contraint de mendier afin de pouvoir satisfaire sa faim. Comme il redoutait de passer trop de temps près de la terre des Sakyas, Siddhartha résolut de traverser le Gange et de rejoindre Rajgir, la capitale du royaume de Magadha qui, comme je vous l'ai dit, se trouvait dans ce qui est main-tenant l'État de Bihar.

L'un des rares biens que possède un homme saint indien, ou un moine, est une sébile où il peut mettre les restes de nourriture qu'on lui donne par charité. Siddhartha se confectionna lui-même un bol à l'aide de feuilles d'arbre et, arrivant un matin à la ville de Rajgir, il alla de maison en maison afin de récolter suffisamment de nourriture pour satisfaire ses besoins. Ce faisant, le roi de Magadha, Bimbisara, sortit sur la terrasse de son palais et vit cet étrange moine. Il fut si frappé par son aspect noble qu'il demanda à quelques courtisans de le suivre et de voir où il logeait.

Quand Siddhartha eut récolté de quoi manger, il quitta la ville par la porte par laquelle il était entré et s'assit à l'ombre d'une colline rocail-leuse pour prendre son repas. Il n'était pas encore habitué à la nourriture des pauvres, de piètre qualité, et il pouvait à peine l'avaler. Alors, en son for intérieur, il se raisonna : « Siddhartha, oui, c'est vrai, toute ta vie, tu as mangé les mets délicats que l'on sert dans la demeure du roi. Mais tu as désiré ardemment abandonner ta richesse et devenir un mendiant errant, alors comment se fait-il que tu fasses tant de manières pour de la nourriture ? » Et il se força à avaler sa maigre pitance.

Lorsque le roi Bimbisara apprit où se trouvait l'étrange moine, il y alla pour lui rendre visite, suivi par une foule de domestiques. L'attitude de Siddhartha et la conversation qu'il eut avec lui le séduisirent tant qu'il lui proposa la richesse, des terres, tout ce qui pourrait rendre sa vie agréable. « Ô roi, répondit Siddhartha, je viens d'un pays riche et fertile au pied de l'Himalaya. J'appartiens à la tribu des Sakyas et je suis un descendant du roi. Mais les trésors du monde n'apportent pas la paix et ne peuvent triompher de la tristesse. Je suis en quête du chemin qui mène à la sagesse la plus profonde. » « Promets-moi, dit le roi, que lorsque tu auras trouvé cette sagesse, tu reviendras et me l'enseigneras. » Et Siddhartha le lui promit.

La ville de Rajgir était située dans une vallée aux terres cultivées et était entourée de cinq collines qui faisaient partie d'une longue chaîne. À environ trois kilomètres à l'est de la ville, au sommet d'une colline surnommée le « Pic des vautours », se trouvaient des grottes qui étaient souvent habitées par des ermites et des moines errants. Siddhartha y séjourna quelque temps car l'endroit était situé près de la ville, ce qui était pratique étant donné qu'il pouvait facilement s'y rendre pour trouver à manger, tout en profitant de la solitude des grottes, propice à la méditation dans le silence. En effet, Siddhartha, ou Gautama, comme on l'appelle généralement pour parler de lui après le début de son errance, cherchait désormais résolument la sagesse et la connaissance. Il avait été éduqué dans la religion hindouiste mais les doctrines des brahmanes, les prêtres hindous, dans lesquelles les cérémonies et les sacrifices jouaient un rôle fondamental, ne le satisfaisaient pas. Il avait l'impression que la vérité ne lui était pas encore accessible ; telle une gemme précieuse enfouie dans la terre noire, elle ne pouvait être découverte qu'après une longue et minutieuse recherche. Gautama poursuivait cette quête de la vérité cachée en faisant appel à tous les pouvoirs de son esprit, à tout le courage dont il disposait. Il n'était pas le seul à se consacrer à l'étude des grands mystères de la vie et de la mort : parmi les sages et les philosophes, nombreux étaient ceux qui consacraient leur vie à ces questions profondes. L'un de ces professeurs, Alara, était si réputé pour sa sagesse que Gautama fut l'un de ses disciples pendant un temps. Mais après avoir appris tout ce que ce maître pouvait lui enseigner, il n'était pas, lui semblait-il, plus avancé sur le chemin de la vérité. Il rejoint ensuite un autre homme saint, Udaka, mais la doctrine de ce professeur ne le satisfit pas davantage.

Après cela, Siddhartha décida de se retirer dans la solitude et de voir si le jeûne et la pénitence pouvaient lui apporter la paix et la clarté d'esprit qu'il recherchait ; les hindous ont toujours placé beaucoup de foi dans le jeûne qui permet d'atteindre la vertu et la sagesse. Gautama quitta la région de Rajgir et partit vers le sud. Il arriva dans les grandes forêts d'Uruvela et là, non loin de ce lieu où se trouve aujourd'hui le temple de Bouddha Gaya, il se prépara à une vie de solitude et de méditation.

Une forêt indienne, ou une jungle, n'a, sachez-le, rien à voir avec les forêts européennes où l'on peut se promener le long de charmants sentiers mousseux bordés de fougères et de fleurs. Les seuls sentiers que l'on trouve dans la jungle sont tracés par les bêtes sauvages lorsqu'elles abandonnent leur tanière à la recherche de nourriture et s'enfoncent dans un enchevêtrement d'herbes et de bambous. Le chemin dessiné par le rhinocéros est un tunnel bas, sombre, qui a la forme de son corps rond et lourd ; l'éléphant, majestueux, laisse derrière lui une large route, une ligne creusée par de puissantes foulées qui écrasent tout sur leur passage. Sous le brûlant soleil de midi, ces forêts s'imprègnent d'un lourd silence, comme si elles dormaient à poings fermés. Mais lorsque l'obscurité tombe (brutalement car, en Inde, la pénombre est rare), on prend conscience de la vie qui anime ces terres : partout, un éveil, partout, un mouvement, tandis que les bêtes sauvages entament leur chasse nocturne. Mais l'homme saint qui s'établit au pied d'un arbre pour sa méditation solitaire ne prêtera pas attention aux barrissements des éléphants ou aux rugissements des tigres car son esprit est concentré sur des choses d'un autre monde. Aujourd'hui encore, les hommes saints hindous se retirent dans cette solitude hostile et chaque année des centaines d'entre eux sont emportés et dévorés par des bêtes sauvages.

Gautama s'installa donc dans les forêts d'Uruvela. Il passait ses journées à méditer et à attendre la paix à laquelle il aspirait. Au bout d'un

Le départ de Siddhattha de Yasodhara
(Gilbert James)

certain temps, il commença à fréquenter cinq autres moines. Ceux-ci furent tant frappés par sa grande bonté et sa sainteté qu'ils devinrent ses disciples. Ils s'émerveillèrent devant la résolution et la force d'esprit qui permettaient à Gautama de pratiquer de longs jeûnes. « Il doit être un homme d'une grande sainteté, se disaient-ils entre eux, il deviendra certainement un Bouddha. »

Les hindous, je vous l'ai dit, croient en la renaissance de l'âme. Un Bouddha est un homme qui, ayant cherché la vertu et la sainteté pendant de nombreuses vies successives, atteint finalement la perfection et la sagesse qui lui permettent de devenir un professeur de l'humanité. Les bouddhistes croient qu'un tel professeur apparaît de temps en temps dans le monde pour mener les hommes sur les sentiers de la vérité et de la vertu. Au fil du temps, son enseignement est oublié et l'humanité retombe dans l'erreur et le péché jusqu'à ce qu'un nouveau Bouddha émerge et prêche la loi.

Les cinq disciples restèrent aux côtés de Gautama. Ils le servaient comme un maître et s'attendaient chaque jour à ce qu'il leur dise qu'il avait atteint la sagesse parfaite. Mais à ce stade, Gautama ne voyait pas la vérité, quoiqu'il la cherchât de toutes ses forces. Pendant six longues années il continua à s'imposer des jeûnes et des pénitences, jusqu'à ce que son corps soit si épuisé que personne n'aurait reconnu le noble prince Siddhartha en le voyant. Mais sa réputation d'homme saint se répandait telle la vibration d'une grande cloche suspendue dans les airs, comme le disent les vieux récits.

De temps à autre, le roi Shuddhodana envoyait des messagers pour qu'ils lui rapportent des nouvelles de son fils. Quand il apprit que Siddhartha était pratiquement devenu une ombre à force de jeûner et de faire pénitence, il fut bouleversé. Yasodhara versa des larmes amères car elle aimait encore son mari de tout son cœur et son chagrin ne s'était pas atténué depuis qu'elle s'était réveillée et avait constaté son départ. Elle refusait depuis de porter des bijoux ou de se parer de fleurs et, et pour partager les souffrances de son mari, elle s'interdisait le luxe, dormait sur une couche dure et ne mangeait qu'un repas par jour.

Jeûner et faire pénitence n'apportaient pas la paix à Siddhartha. Au bout de six ans, il se sentait toujours aussi éloigné de son objectif. Et un jour, alors qu'il marchait dans la forêt, perdu dans ses pensées, il se sentit si faible qu'il s'effondra sur le sol et y resta étendu, comme mort. Lorsque le roi Shuddhodana reçut la nouvelle de son trépas, il refusa d'y croire :« Je sais qu'il deviendra un Bouddha avant de mourir »disait-il.

En reprenant ses esprits, Gautama comprit que le jeûne et les pénitences avaient été une erreur. Il sut qu'il n'était pas encore engagé sur le chemin qui mène à la sagesse et à la vérité. Il se remit alors à s'alimenter et, petit à petit, il retrouva sa force. Mais ses cinq disciples, qui considéraient que la sainteté ne pouvait pas être atteinte par quelqu'un qui mangeait comme un homme ordinaire, quittèrent Gautama et le laissèrent poursuivre sa quête sans l'aider ou lui apporter de compassion. « Il ne deviendra jamais un Bouddha » dirent-ils, et ils emportèrent leur sébile et se mirent en route pour Bénarès.

Gautama, bien qu'amoindri, ne se découragea pas. Seuls les grands hommes ne se détournent pas de l'objectif qu'ils se sont fixé, même après des années d'échec. Des hommes plus faibles diront que les circonstances les empêchaient d'arriver à leur but, que celui-ci était inatteignable, infaisable, mais les grands hommes comme Gautama tiendront bon tant qu'ils seront habités par la vie.

Chapitre VI
Le Jour de l'Illumination

À L'ORÉE DES FORÊTS d'Uruvela se trouvait le petit village de Senani. C'était un lieu plaisant campé sur les rives de la Neranjara, à l'ombre de sâlas touffus. Le chef de ce village avait une fille du nom de Sujata. Lorsque celle-ci fut en âge de se marier, en pieuse hindoue elle alla prier le dieu d'un certain arbre et l'implora de lui donner un bon mari et d'avoir un fils comme premier enfant. Le temps passa et Sujata épousa un homme du village qui possédait de nombreux troupeaux, et il advint que leur premier enfant fut un garçon. Remplie de gratitude, elle se souvint de sa prière au dieu de l'arbre et se prépara à lui faire une offrande le jour de la pleine lune du mois de mai. Le jour venu, elle se leva très tôt et s'en fut traire la meilleure vache du troupeau. Elle fit ensuite cuire du bon riz dans la crème de ce lait, sucra la préparation avec le plus grand soin et la versa dans un récipient doré inestimable, digne de recevoir une offrande divine.

Sujata enfila ensuite ses habits les plus élégants et se para de ses plus beaux bijoux. Puis, emportant le plat de riz au lait sur sa tête, elle partit porter son offrande. En s'approchant de ce qui était, lui soufflait sa foi, la demeure du dieu, elle remarqua un homme assis à l'ombre de l'arbre. Il était si élégant, si magnifique, entouré d'un halo éclatant dans la lumière dorée de l'aube, que Sujata le prit pour le dieu qui avait répondu à ses prières. Humblement, elle déposa le récipient doré puis elle repartit.

Gautama, car c'était lui, accepta avec reconnaissance la nourriture dont il avait besoin. Emportant le plat, il marcha jusqu'au rivage de la Neranjara, s'avança dans l'eau et se baigna. Il remit ensuite son vêtement jaune de mendiant et s'assit pour manger son repas. Après cela, dans la chaleur du jour, il erra le long de la rivière, à l'ombre des sâlas. Il songeait à l'idéal qu'il était toujours incapable d'atteindre. Il avait été fort tenté d'abandonner sa quête. Il pensait à sa maison, à sa femme, qu'il n'avait pas vue depuis six ans, à son fils, qu'il ne connaissait pas et qu'il n'avait vu que le premier jour de sa vie, à son père, qui l'avait tant aimé et était désormais d'un âge avancé, peut-être aussi à l'aisance et au confort de sa vie d'antan. Ces visions défilaient devant ses yeux et troublaient son esprit. À quoi bon continuer cette impossible quête de sagesse ! À maintes reprises Gautama s'était débattu contre la tentation, contre des pensées mauvaises inspirées par le grand tentateur Mara. Parfois il était convaincu qu'une lumière allait éclore mais les ténèbres et le désespoir reprenaient alors possession de son esprit.

Non loin des rives de la Neranjara se dressait un pipal, une sorte de figuier sauvage. Le soir qui suivit l'offrande de Sujata, Gautama marcha jusqu'à cet arbre et s'assit en tailleur, le dos contre le tronc et le visage tourné vers l'est. Il était bien résolu à ne pas quitter cet endroit tant que son esprit n'aurait pas trouvé la sagesse la plus haute – non, il ne bougerait pas, même si sa peau se desséchait, même si son sang s'évaporait jusqu'à la dernière goutte.

Mara, l'esprit du mal, savait que s'il ne triomphait pas de Gautama avant que celui-ci devienne un Bouddha, son pouvoir serait brisé à tout jamais. Les tentations avec lesquelles il assaillit Le Saint furent si féroces que les vieilles légendes dépeignent une attaque réelle et visible. Elles racontent que Mara, sachant que le temps lui était compté, appela ses suppôts à prendre les armes, et les légions de l'enfer, galvanisées par le cri de guerre de Satan, se rassemblèrent en ordre de bataille. Elles s'étendaient sur des lieues à la ronde, jusque très haut dans le ciel à effacer les étoiles et à donner corps à l'obscurité. Un fracas de tonnerre déchirait le ciel ; la terre s'ébranlait, tremblait sous le déchaînement des puissances maléfiques, aussi violentes que des tornades. Les arbres étaient déracinés ; les montagnes se fendaient en leur milieu et le cours des rivières s'inversait. Les anges, qui étaient venus par milliers au secours u Du Saint, s'enfuirent vers les limites du monde, incapables de lutter contre l'armée de Mara. Et Gautama regarda à droite et à gauche et vit qu'il était seul. Rien ne pouvait l'aider sinon son esprit imperturbable et la puissance de la sainteté. Mais ce pouvoir qui était en lui était si fort que les fléchettes mortelles des guerriers de Satan retombaient comme des feuilles d'automne, inoffensives. Alors Mara exhorta les démons à réduire en pièces le futur Bouddha mais leur fureur fut vaine et ils ne parvinrent pas à lui faire du mal. Quand Mara vit qu'il ne pouvait atteindre Gautama physiquement, il tenta de l'ébranler en le confrontant à toutes les terreurs qui effraient l'esprit humain. Des flammes jaillissaient de tous les côtés et des colonnes de vapeur brûlante s'élevaient de plus en plus haut jusqu'à atteindre les cieux. Les démons apparaissaient sous des formes hideuses et effroyables qui auraient fait perdre la raison à n'importe quel homme. Mais en dépit des puissances de l'enfer qui se déchaînaient autour de lui, Le Saint restait assis, immobile. C'était une image aussi étrange que merveilleuse ; personne n'avait jamais rien vu de semblable.

Quand la nuit s'acheva, Mara reconnut sa défaite. « Vraiment, dit-il, aucun homme sur cette terre n'est comme ce Siddhartha, fils de Shuddhodana. » Et les suppôts de Satan s'évanouirent comme l'aurore se levait, laissant Gautama seul.

Dans le monde des esprits, les anges, les archanges et toutes les créatures ailées se réjouirent de cette victoire et honorèrent celui qui avait mis en fuite les puissances du mal. Cet homme était « Jina », Le Victorieux, que Mara et ses sbires ne parvinrent à vaincre. Et des averses de fleurs célestes arrosèrent la terre tandis que des lys et des lotus se mirent à pousser et à éclore, apparaissant même au milieu de pierres sèches.

Gautama resta assis sous le pipal et avant la tombée de la nuit, il fut gagné par la paix suprême, que les bouddhistes appellent « Nirvana ».

· · · · · ·

Tout comme un homme qui passe d'une prison obscure à une lumière éclatante, où chaque objet apparaît clairement et nettement, l'esprit du Bouddha parfaitement éveillé entre dans un lieu où toute la vérité devient claire, où tous les secrets de la vie et de la mort sont révélés à la lumière de la sagesse suprême.

Pour Gautama, la vie de Bouddha n'était plus une suite de mystères

Sous le Pipal
(Gilbert James)

obscurs et de contradictions car il sentait que l'univers était régi par des lois immuables de vérité et de justice. Il comprenait que la Puissance qui engendre la Vertu ordonne toutes les choses. Cette Loi, que les bouddhistes appellent le « Dharma », se résume à la théorie de cause à effet. C'est une théorie qui semble très simple et pourtant c'est le fondement de tout le système du Bouddha. Rien ne se produit par hasard ou par accident ; chaque événement est provoqué par un autre événement qui a eu lieu auparavant. Et de la même manière, chaque événement doit provoquer un autre événement par la suite. C'est vrai pour le monde de la Nature : tout ce qui s'y passe est régi par des lois fixes et immuables. De même, ces lois sont appliquées par le Bouddha aux choses de l'esprit et aux actions morales. Chaque pensée, chaque action amène un résultat inévitable. Le bien engendre le bien ; le mal engendre le mal. Et ainsi, le fruit des actions de notre vie actuelle deviendra la graine déterminant la nature de nos vies futures. Les bouddhistes croient en effet que la part de l'homme qui survit à la mort renaît dans un être qui hérite des conséquences de ses actions, c'est sa nature que ses actions ont créée. Car notre nature n'est pas uniquement formée au cours de notre vie actuelle ; elle est le résultat de nombreuses vies antérieures. Si nous gâchons nos chances de faire le bien et menons une vie de péché, nous répandrons la peine dans d'innombrables vies à venir.

Tout cela, le Bouddha le voyait grâce à la clarté de son esprit. Il voyait aussi la cause de la souffrance et la manière d'y mettre un terme. La peine, disait-il, vient du mal, de l'ignorance qui dissimule les vraies valeurs de la vie et nous pousse à nous attacher aux choses qui s'évanouissent et meurent. Car toutes les choses visibles changent en permanence, s'effritent, se renouvellent, s'effritent à nouveau. Dans ce monde, rien n'est fixé, même pour une fraction de seconde. Dès la naissance, notre corps, notre esprit et tous nos pouvoirs commencent à grandir et à changer, de sorte que l'on ne peut jamais être exactement le même qu'à la minute précédente. Les mêmes lois du changement s'appliquent aux plantes, aux animaux, à la terre que nous foulons. Même la forme du pays où nous vivons évolue chaque jour, lentement mais sûrement ; par endroit, la mer grignote les falaises et gagne du terrain, centimètre par centimètre ;

ailleurs, la terre se réapproprie les replats sableux d'où la mer se retire.

Sans doute avez-vous souvent regardé les nuages, un jour où le vent soufflait, et sans doute avez-vous imaginé qu'ils avaient la forme d'une montagne ou d'une vallée, d'une tour ou d'un château, d'une bête monstrueuse. Regardez-les à nouveau quelques minutes plus tard et toutes ces formes auront changé. Peut-être le sommet sera-t-il devenu un arbre, le château, un grand oiseau aux ailes déployées, le monstre immense, une volute de fumée. Au moment même où vous contemplez les nuages, ceux-ci changent de forme. C'est tout le décor qui change et, bientôt, les images de votre imagination se seront complètement fondues puis évanouies. De manière semblable, le monde et toutes les choses visibles sont dans un état d'évolution et de devenir constant ; les choses ne sont jamais finies ou immobiles.

Le christianisme nous apprend qu'il ne peut y avoir de bonheur parfait au cours de la vie terrestre ; de la même manière, le Bouddha nous dit que l'état de perfection ne peut être atteint qu'une fois écoulée la durée de nos vies terrestres. Lorsqu'un homme meurt et laisse derrière lui une dette de péchés restés impunis, d'après les bouddhistes, il renaît pour poursuivre la quête de son salut. Il peut renaître sous la forme d'un esprit au ciel ou en enfer, recevoir la juste récompense de ses actions et renaître ensuite dans le monde pour finir son parcours. Car les bouddhistes croient au ciel et aux enfers comme des lieux de béatitude ou de souffrance temporaires. Ce n'est que lorsque l'être a, après des vies innombrables, été purifié de tous les péchés et de tous les désirs mortels qu'il peut profiter de la paix éternelle du Nirvana.

Il faut envisager le Nirvana comme un état d'esprit plutôt que comme un lieu défini. « Le Royaume des Cieux est en vous », nous dit-on, et de la même manière le Nirvana est l'obtention de la paix parfaite du cœur. Seuls le Bouddha et quelques grands saints ont connu la paix du Nirvana de leur vivant.

Gautama a peu parlé à ses fidèles de cet autre monde ; il n'a pas décrit de villes somptueuses où les justes profitent des plaisirs auxquels ils ont aspiré au cours de leur vie terrestre. Il leur a seulement dit qu'au Nirvana la souffrance cesse, les passions humaines sont apaisées et les feux de la haine ainsi que les pensées mauvaises sont éteints. Le Nirvana est souvent évoqué par les bouddhistes comme «l'autre rive». Lorsque le voyageur, las de lutter contre les vents et les marées de la mer houleuse qu'est la vie humaine, atteint enfin «l'autre rive», il passe dans un état de calme incommensurable : la Paix suprême qui transmet l'entendement, éternelle car immuable.

Chapitre VII
Les Premiers Disciples

L E PIPAL AU pied duquel Gautama était assis lorsque la sagesse céleste éclaira son esprit est depuis lors un arbre sacré connu comme « l'arbre Bo » ou « l'arbre de la sagesse ». Durant des centaines d'années, il continua à verdoyer ; une myriade de pèlerins a par ailleurs visité le lieu où le grand Enseignant atteignit pour la première fois une connaissance de la vérité.

Car Gautama voyait toutes les choses telles qu'elles sont vraiment. Rares sont ceux d'entre nous qui parviennent à cette lucidité car notre compréhension des choses est terne. Seuls les hommes dotés des plus grands esprits regardent en face les vérités profondes de la vie et de l'éternité.

Apparemment, Gautama n'étais pas disposé à quitter l'endroit où il avait trouvé le repos et la paix après six années d'une épuisante quête de Vérité. Les récits racontent que durant sept fois sept jours il demeura aux abords de l'arbre Bo, méditant sur la Paix du Nirvana et sur le mode de vie qui permet de se libérer du péché et de la tristesse.

Mais un doute planait dans l'esprit du Bouddha : devait-il enseigner cette nouvelle doctrine à l'humanité ? La Vérité, telle qu'il la voyait, semblait trop simple et trop naturelle, trop éloignée des traditions religieuses où des sorts, les sacrifices et les cérémonies sacerdotales permettaient de se débarrasser des péchés. Car c'était là la différence entre la foi du Bouddha et celle des hindous : pour le Bouddha, toutes ces choses ne pouvaient influer sur la destinée d'un homme. Les péchés ne se rachetaient pas. L'homme ne pouvait interférer avec la grande loi naturelle de cause à effet. Et ainsi, le Bouddha considérait que la conduite morale était de la plus haute importance. Les sacrifices pratiqués en l'honneur de Brahma ou de Vishnou, les sommes payées aux prêtres pour apaiser la colère des dieux, les jeûnes et les pénitences, tout cela ne servait à rien. Mais dire la vérité, refréner des passions mauvaises, faire preuve de gentillesse à l'égard des autres, voilà ce que voulait la nouvelle doctrine, le « Dharma » : faire le bien pour engendrer le bien ; faire que la somme des bonnes actions augmente siècle après siècle.

Gautama, qui connaissait bien la nature humaine, doutait que l'humanité fût capable de croire en une religion qui reposait sur si peu de choses visibles. Il est en effet beaucoup plus simple d'accomplir un sacrifice ou de jeter un sort que de maîtriser totalement sa mauvaise humeur. En outre, les hommes ont du mal à appréhender la nature éphémère des choses terrestres. « Comment, se demandait le Bouddha, pourrait-on convaincre une personne qui se concentre sur les plaisirs de cette vie et qui accumule des richesses pour elle-même, que le monde n'est qu'écume et s'évanouit à chaque instant, que les jours de la vie de l'homme sont semblables à l'eau d'une rivière qui s'écoule rapidement, que rien ne dure sinon la vertu qui mène à la Paix éternelle ? »

Ainsi raisonnait le Bouddha, ne sachant trop s'il devait être le seul à posséder la connaissance qu'il avait obtenue ou s'il devait la partager avec le plus grand nombre. Mais au final, c'est son amour profond pour tous les êtres vivants qui l'emporta et il décida de prêcher la doctrine du salut devant les hommes. « Certains écouteront, pensait-il, cela ne fait aucun doute. »

Gautama souhaitait que ses anciens professeurs, Alara et Udaka, soient les premiers à entendre la bonne nouvelle, mais il apprit qu'ils étaient tous les deux morts et il se mit alors en marche pour Bénarès, à la recherche des cinq disciples qui avaient vécu avec lui dans les forêts d'Uruvela.

Emportant sa sébile, le Bouddha alla de village en village jusqu'à arriver aux abords de la ville de Bénarès, qui s'étend sur les rives du Gange. Dans une belle forêt connue sous le nom de Parc aux Cerfs, à une lieue de la ville, il rencontra ses anciens disciples. Mais lorsque ces derniers le virent approcher, ils se dirent : « Voici celui qui a abandonné l'unique voie qui mène à la sainteté, celui qui a cessé de jeûner et de faire pénitence, celui qui mange et boit comme un homme ordinaire ; nous n'aurons pour lui aucun égard ». Et ils le traitèrent froidement, presque grossièrement. Mais Gautama, qui n'avait plus le moindre doute dans son esprit et était parfaitement sûr d'être digne d'enseigner à l'humanité, leur expliqua qu'il était devenu un Bouddha et méritait dès lors leur plus profond respect. Et alors que la lumière du jour s'estompait et que la brise du soir courbait les grands arbres de la forêt, il s'assit et prononça son premier sermon. Comme les mots jaillissaient de sa bouche, un frisson de joie parcourait toute la Nature. Les fleurs exhalaient leurs parfums les plus sucrés, les rivières murmuraient leur plus doux chant, les étoiles brillaient d'une rare clarté et l'air sifflait au passage des devas, arrivant par milliers pour écouter le message du salut. Alors les cinq disciples s'inclinèrent devant Gautama et reconnurent en lui Le Saint, le Bouddha. Le grand Enseignant parla encore longtemps dans la tranquillité de cette nuit indienne et les mots qu'il prononça alors, il y a 2500 ans, sont précieusement conservés dans le cœur de ceux qu'il a menés sur le chemin de la Paix.

Fonder le Royaume de la Justice, voilà ce que le Bouddha dit vouloir faire. Il expliqua ensuite le sens des « Quatre Nobles Vérités » que tous ses fidèles doivent connaître et comprendre. Les voici :

1. La Vérité de la tristesse et de la souffrance, qui existeront tant que le monde existera.

2. La Vérité de la cause de la souffrance, qui est l'attachement aux choses terrestres, mortelles.

3. La Vérité de la libération de la douleur, qui passe par la conquête du soi et de toutes les passions mauvaises.

4. La Vérité du chemin menant à la délivrance de la tristesse, qui est le mode de vie que tout vrai bouddhiste doit adopter. Ce Chemin, menant de la peine au salut, le Bouddha l'appelle le « Noble Chemin Octuple » car il contient huit règles de conduite que tous doivent suivre et qui sont :
    1. la compréhension juste,
    2. la pensée juste,
    3. la parole juste,
    4. l'action juste,
    5. le mode de vie juste,

6. l'effort juste,
7. l'attention juste,
8. la concentration juste.

Celui qui peut observer ces préceptes, dans l'esprit voulu par le grand Enseignant, mènera une vie noble et montrera l'exemple aux autres hommes.

Le Bouddha appelait également ce chemin le «Chemin du Milieu» car, expliquait-il, il se trouve à mi-chemin entre les deux extrêmes que sont, d'une part, l'abus du plaisir, et, d'autre part, le système de jeûne et de pénitence pratiqué par les hommes saints hindous. Nous devons tous, enseigna le Bouddha, être guidés par la raison et le sens commun et nous ne devons pas céder au plaisir au point que nos corps deviennent nos maîtres et que nous n'ayons plus de contrôle sur notre appétit; de la même manière, nous ne devons pas nous refuser ce qui nous est nécessaire, afin de ne pas blesser ou affaiblir nos corps.

La religion que prêchait Bouddha devant ses fidèles n'était pas simple. Rien n'est plus difficile, en effet, que de faire preuve d'une parfaite maîtrise de soi et personne ne pouvait être un vrai disciple de Gautama sans avoir appris cette dure leçon. Par ailleurs, le nombre de fidèles rassemblés autour de l'enseignement du Bouddha peut nous surprendre, certes, mais le pouvoir de la Vérité est immense et là où il y a une vraie bonté et une vraie volonté de bien faire, se trouve forcément la Vérité, même si ce n'est pas exactement la Vérité à laquelle nous nous attendions.

L'un des premiers convertis à la doctrine du Bouddha fut un jeune homme nommé Yasa. Il possédait de nombreuses richesses mais les abandonna toutes et devint mendiant, comme son grand Enseignant. Ne croyez pas cependant qu'il fallait abandonner les choses du monde pour devenir un vrai disciple du Bouddha. Il était tout à fait possible de suivre son enseignement tout en continuant à vivre dans le monde. Ainsi, Gautama comptait parmi ses grands amis nombre de citoyens ordinaires, des chefs de famille, comme on les appelait. Il en fut d'ailleurs de même pour les disciples du Christ, cinq cents ans plus tard: ceux qui respectaient ses commandements étaient ses fidèles et certains parmi eux étaient élus pour mener une vie plus haute. Ceux-là devaient abandonner leur foyer et tous leurs biens.

Gautama resta un certain temps dans le Parc aux Cerfs de Bénarès, prêchant la Loi devant tous ceux qui venaient l'écouter. Et, contrairement aux brahmanes, le Bouddha ne s'adressait pas seulement aux privilégiés ; il parlait sans distinction aux riches et aux pauvres, aux jeunes et aux vieux, aux hommes et aux femmes. Au bout de trois mois, Gautama rassembla ses soixante disciples et leur dit : « Bhikkhus bien-aimés, (ce nom, souvent employé par Gautama lorsqu'il s'adressait à ses disciples, signifie « mendiant »), nous avons une grande tâche à accomplir, celle d'œuvrer au salut des hommes et des anges, celle de leur montrer le chemin vers la délivrance. Séparons-nous, prenons chacun un sentier différent pour qu'aucun de nous n'aille dans la même direction. Vous prêcherez la Doctrine devant tous les hommes et vous proclamerez les Vérités que je vous ai révélées. Pour ma part, j'irai au village de Senani, à la lisière des forêts d'Uruvela. »

Et Gautama retourna à la solitude qu'il connaissait si bien. Dans la forêt, il rencontra trois frères, les Kassapa, qui vouaient un culte au dieu du feu hindou. Ils étaient respectés et considérés comme des hommes très saints. Au départ, ils trouvaient leur sagesse et leur savoir largement supérieurs à ceux de Gautama mais, écoutant les paroles du Maître jour après jour, ils comprirent petit à petit la vérité de son discours. Les trois frères et leurs nombreux disciples furent alors convertis.

Gautama, comme d'autres grands enseignants, parlait souvent en paraboles, utilisant des symboles de la Nature pour rendre ses propos plus intelligibles. Un jour, alors qu'il était assis avec quelques-uns de ses nouveaux disciples sur un grand rocher, le Rocher de l'Éléphant, qui surplombait la vallée de Rajgir, des flammes jaillirent soudainement dans la forêt, éclairant le ciel d'une fureur rouge et rayonnante. Les bêtes sauvages s'enfuirent, terrorisées, tandis que le feu progressait, tel un monstre affamé, consumant tout sur son passage.

Gautama, qui parlait des passions mauvaises qu'il fallait apaiser, compara le feu à l'excitation intérieure et à l'angoisse qui consument ceux qui se concentrent sur les plaisirs terrestres. Tout comme le feu brûle aussi longtemps qu'il est alimenté, les feux de la haine et de l'avarice brûlent aussi longtemps que des désirs terrestres nous animent et nous préoccupent. Prenez par exemple l'homme dont les pensées sont focalisées sur l'obtention d'argent ; il n'est jamais satisfait de ce qu'il a et en veut toujours plus. Il n'est jamais en paix, toujours consumé par l'angoisse de perdre sa richesse. Mais chez ceux qui ont abandonnés toutes leurs possessions, les feux de l'avarice s'éteignent, car ces hommes, qui n'ont rien et ne désirent rien, vivent en paix parfaite. Ce discours devint connu sous le nom de « le sermon du feu » ; il est conservé par écrit dans de vieux manuscrits qui contiennent des prédications du Bouddha.

Vous vous souvenez sans doute qu'après avoir quitté sa demeure, Gautama était arrivé dans une première ville, Rajgir. Là, il avait parlé au roi Bimbisara et lui avait promis que, s'il trouvait un jour la sagesse qu'il cherchait, il reviendrait et la lui enseignerait. Se souvenant de cette promesse, Gautama quitta les forêts d'Uruvela et se mit en route pour Rajgir, suivi par de nombreux disciples.

Un jour, alors que le roi Bimbisara se trouvait dans son palais, il reçut une nouvelle d'un messager : « Le Maître est venu ». Entendant cela, le roi se leva et, suivi par nombre de ses nobles et de ses courtisans, se dirigea vers la palmeraie où se trouvaient le Bouddha et un millier de ses disciples.

Cela faisait près de sept années que le noble prince Siddhartha avait franchi les portes de la ville pour quémander de la nourriture. La vie de mendiant lui était alors nouvelle et étrange, vous vous souvenez sans doute qu'il trouvait infecte la nourriture de piètre qualité qu'on lui donnait, car il n'y était pas encore habitué. Depuis lors, Gautama avait appris beaucoup de choses. Ses six années de pénitence dans les forêts d'Uruvela lui avaient permis de comprendre ce que sont la souffrance et l'adversité ; il avait été soumis à la tentation et y avait résisté ; il avait finalement trouvé le chemin de la paix et de la délivrance de la tristesse. Et désormais, Gautama, le Bouddha, l'Éveillé, retournait au royaume de Magadha pour tenir la promesse qu'il avait faite au roi.

Bimbisara était un monarque puissant. Pourtant lorsqu'il arriva à la palmeraie où Bouddha était assis au milieu de ses disciples, il se prosterna à ses pieds avec respect, témoignant ainsi que la puissance et la majesté d'un Bouddha étaient à ses yeux bien supérieures à la grandeur et à la puissance terrestres. Gautama s'adressa alors à la foule pour expliquer le sens des Quatre Nobles Vérités et du Chemin Octuple menant à la paix et à la délivrance. À la fin de son discours, le roi Bimbisara déclara qu'il était croyant et récita la formule qu'il est aujourd'hui encore habituel de prononcer pour rejoindre l'Église bouddhiste : « Je me réfugie dans le Bouddha ; je me réfugie dans la Doctrine ; je me réfugie dans l'Ordre ». « L'Ordre », c'est la fraternité des moines, ou l'Église.

Avant de quitter la palmeraie, Bimbisara invita Gautama et tous ses disciples à se rendre au palais le lendemain, pour prendre le repas du matin.

La nouvelle de la conversion du roi mit le peuple de Rajgir en effervescence et une large foule se pressa pour voir l'Enseignant et ses nombreux fidèles entrer dans la ville et marcher vers le palais.

Lorsque le roi eut reçu ses invités, il supplia le Bouddha d'accepter un présent. Il s'agissait d'une plantation du nom de Veluvana, « la bambouseraie », qui se trouvait non loin des portes de la ville. Le roi trouvait en effet que la palmeraie était trop éloignée de la ville et il souhaitait que le Bouddha soit près de lui afin de pouvoir lui rendre visite fréquemment. La bambouseraie fut alors présentée solennellement au Bouddha et à l'Ordre des Moines. On amena un gobelet d'or d'une valeur inestimable rempli d'une eau qui exhalait une odeur de fleurs. Le roi en versa le contenu sur les mains du Bouddha en disant : « Que l'Élu accepte mon présent ».

Gautama séjourna deux mois dans la bambouseraie. Les soixante disciples qu'il avait envoyé porter la bonne nouvelle lorsqu'il était à Bénarès le rejoignirent. C'est à cette époque que deux jeunes nobles, Sariputta et Moggallana se convertirent et devinrent moines. L'un fut plus tard connu comme le disciple de Droite, l'autre, comme le disciple de Gauche. Cela qui signifie que Gautama les considérait comme ses deux principaux disciples et qu'il les aimait profondément.

Chapitre VIII
Le Roi Fait Venir son Fils

PEUT-ÊTRE VOUS ÊTES-VOUS demandé ce qui s'est passé à Kapilavatthu au cours des sept dernières années de notre histoire. Ni le roi, ni Yasodhara, ni aucun des proches de Gautama n'avaient vu ce dernier depuis le jour où il s'était enfui pour mener une vie de mendiant errant. Vous vous souvenez certainement que le roi, qui craignait le départ son fils, avait pris de nombreuses précautions pour ne pas le perdre, mais en vain. Au cours d'une fatidique nuit de juillet, le noble destrier Kanthaka avait emmené son maître au clair de lune, galopant bien au-delà des frontières du territoire des Sakyas. Lorsque la fuite du prince fut découverte, le chagrin et les lamentations envahirent les couloirs du palais. Pendant quelques jours, le roi ne reçut aucune nouvelle, puis Channa, le conducteur de char, revint, portant les bijoux du prince. Shuddhodana envoyait parfois des messagers pour savoir ce que Siddhartha faisait et où il se trouvait ; lorsqu'il sut que les jeûnes et les pénitences avaient métamorphosé son fils au point que personne n'aurait pu le connaître, il fut dévoré de chagrin. Mais un jour, le roi Shuddhodana apprit que son fils allait bien, qu'il était devenu un Bouddha et qu'il résidait dans une bambouseraie près de Rajgir, avec de nombreux fidèles convertis à sa foi. Il se réjouit grandement et éprouva le désir de revoir son fils. Il appela alors l'un des nobles de sa cour et l'envoya à Rajgir, accompagné d'un millier d'hommes.

« Va voir mon fils, lui dit-il, dis-lui que le roi, son père, souhaite le voir. Ensuite, reviens avec lui. »

Le temps s'écoulait mais le messager ne revenait pas et n'envoyait aucune nouvelle de Siddhartha au roi. Après un certain temps, Shuddhodana envoya un autre chef sakya, lui aussi accompagné d'un millier d'hommes, et le pria de porter un message à Siddhartha. Le roi attendit alors anxieusement des nouvelles et Yasodhara, qui désirait ardemment savoir comment son mari allait, se rendit souvent sur les toits du palais pour scruter l'horizon en direction de Rajgir, espérant apercevoir les voyageurs. Mais il n'y avait pas le moindre signe de Siddhartha ou des nobles, et le roi ne recevait aucune nouvelle. Finalement, Shuddhodana envoya neuf autres nobles, chacun accompagné d'une garde d'un millier d'hommes, mais ceux-là non plus ne revinrent pas.

« Sur qui puis-je compter pour cette tâche ? » se demanda alors le roi. Et il appela Kala Udayin, qui l'avait toujours servi fidèlement. Cet homme avait l'âge de Siddhartha et avait été l'ami et le camarade de jeu du prince. Le roi lui dit : « Aucun des messagers que j'ai envoyés en mission auprès de mon fils n'est revenu et je n'ai reçu d'eux aucune nouvelle. Je t'en prie, va trouver Siddhartha et dis-lui que je souhaite le voir avant de mourir. Je me fais vieux et ma fin est sans doute proche. »

Kala Udayin promit d'exécuter l'ordre du roi et se mit en route. Arrivé à Rajgir, il découvrit que tous les messagers qui avaient été envoyés avant lui s'étaient convertis et étaient devenus moines, cessant ainsi de penser au message du roi.

Lorsque Kala Udayin entra dans la bambouseraie et s'installa parmi l'assemblée pour écouter les mots du Maître, il fut lui aussi converti et décida de consacrer sa vie à la religion. Mais il garda à l'esprit le message du roi et quand le mois de mars fut venu et qu'un parfum de printemps embaumait l'atmosphère, il alla trouver Gautama et lui dit combien son père désirait le voir.

« Et maintenant que le printemps est venu, que les chemins ont séché et que les bois sont tapissés de fleurs, dit Udayin, le moment est propice pour entamer un voyage. »

Et Gautama décida alors de se mettre en route et de rendre visite à son père. Il dit à ses fidèles de se tenir prêts à l'accompagner car les moines devaient mener une vie d'errance, voyageant d'un endroit à l'autre pour prêcher la doctrine. Comme Gautama et ses disciples se déplaçaient à pied, le voyage dura un certain temps : deux mois s'écoulèrent avant leur arrivée à Kapilavatthu. Le roi, qui avait eu vent de leur arrivée, attendait aux portes de la ville pour accueillir son fils. Ses frères, ses neveux et quelques jeunes filles de la famille royale l'avaient accompagné. De jeunes enfants, qui portaient des fleurs, se tenaient en tête du cortège.

Il y avait près de la ville une forêt de banians ombragés où des huttes et des abris avaient été construits pour le Bouddha et ses disciples car les moines ne doivent pas vivre dans des palais ou des maisons luxueuses. Le banian est une sorte de figuier qui pousse en Inde et au Sri Lanka ; c'est un arbre très haut dont les branches retombent vers la terre et y prennent racine, formant ainsi de nouveaux troncs ; de ces troncs poussent des branches qui retombent et forment à leur tour des racines. Avec le temps, un seul arbre couvre donc une vaste étendue. Une forêt de banians, comme celle où le Bouddha et ses disciples demeuraient, ressemble ainsi à une grande cathédrale, avec des myriades de colonnes naturelles et une voûte de feuilles sous laquelle les violents rayons du soleil sont tamisés et ne projettent plus qu'une lumière douce et agréable.

Les Sakyas ont toujours été un peuple fier. Bien que les oncles de Gautama soient venus l'accueillir, ils étaient contrariés de voir que l'un des leurs était devenu un moine au crâne rasé, mendiant son pain quotidien. Ils avaient décidé de ne pas s'incliner devant leur jeune parent mais, comme le roi se prosternait aux pieds de son fils, ils se sentirent obligés d'honorer le Bouddha. C'était la troisième fois que le roi Shuddhodana s'inclinait devant son fils. Il se courba une première fois lorsque le vieil ermite prophétisa la grandeur de Siddhartha, puis une deuxième fois lorsque l'ombre du jamblon ne disparut pas sous le soleil brûlant, protégeant ainsi le jeune enfant ; et cette fois, quand Shuddhodana vit que son fils était un parfait Bouddha, il s'inclina encore. Mais bien qu'il l'eût ainsi honoré, le roi n'avait toutefois pas renoncé à son désir de voir son fils devenir un grand monarque dirigeant tous les royaumes de la terre et il se mit à lui parler des délices et du faste de sa vie d'antan, au palais. Le Bouddha lui répondit que les joies qu'il vivait désormais étaient plus grandes que celles auxquelles il avait renoncé.

Le lendemain, comme ni Shuddhodana ni ses frères n'avaient invité le Bouddha et ses disciples à prendre leur repas au palais, Gautama prit sa sébile et entra dans sa ville natale. Comme cela dut être étrange pour le peuple de voir leur prince, autrefois destiné à régner sur leur ville, mendier de la nourriture dans les rues de sa propre capitale ! Le Bouddha semblait si calme et si serein, et son visage brillait d'une lumière si glorieuse que les gens s'inclinaient devant lui comme devant un dieu.

Lorsque le roi apprit que le prince Siddhartha mendiait dans les rues, il se mit en colère et, rassemblant ses robes, il s'éloigna du palais à grandes enjambées et s'en alla trouver son fils.

« Pourquoi fais-tu honte à ta famille en mendiant ? » s'exclama-t-il.

Le Bouddha répondit que les gens de sa race l'avaient toujours fait. « Nous descendons d'une noble lignée de rois et de guerriers, rétorqua Shuddhodana, et notre race n'a jamais mendié pour se nourrir ». Gautama expliqua que lorsqu'il parlait de sa race, il pensait aux vieux prophètes, aux anciens Bouddhas qui ne possédaient rien et avaient toujours vécu de la charité de leurs prochains. Et il prononça les vers suivants :

> « Lève-toi ; ne paresse pas ;
> Pars en quête d'une vie sainte !
> Celui qui suit la vertu trouve la félicité
> Dans ce monde et dans le prochain. »

Ces quelques mots réchauffèrent le cœur du roi qui prit la sébile de son fils et l'emmena au palais. Là, il fit servir au Bouddha et à ses disciples un repas copieux. Et peut-être les esclaves et les domestiques se souvinrent-ils d'une scène aux antipodes de celle-ci, qui s'était déroulée sept ans auparavant. À l'époque, Gautama, resplendissant dans ses habits royaux et ses bijoux étincelants, était entré pour la dernière fois dans la demeure de son père. Le jeune prince avait quitté les jardins et s'était rendu au palais dans un char aux couleurs vives, suivi par la foule qui se réjouissait de la naissance de son fils et formait une procession festive. Mais déjà Siddhartha s'était résolu à renoncer à tout ce à quoi la plupart des hommes aspirent au cours de leur vie. Et cette nuit-là, il avait quitté le palais pour n'y revenir que sept ans plus tard, vagabond mendiant de la nourriture de maison en maison.

Quand les moines eurent fini leur repas, les femmes de la famille royale vinrent s'incliner devant le Bouddha. Mais Yasodhara ne figurait pas parmi elles. Elle était restée dans sa chambre car elle se disait : « Si mon

seigneur tient encore à moi, il viendra me chercher ici ». Gautama remarqua l'absence de sa femme, se leva et se rendit aux appartements de
la princesse, suivi du roi et de deux disciples. Et Yasodhara, entendant
le bruit des pas de son seigneur, se leva précipitamment pour l'accueillir.
Elle savait pertinemment qu'il ne serait pas le même que lorsqu'il l'avait
quittée : un prince noble dans la fleur de l'âge, grand, magnifique, royal.
Pourtant, quand elle se retrouva debout devant le moine au crâne rasé
vêtu d'une grossière robe jaune, elle fut profondément bouleversée et
tomba à ses pieds en sanglotant. Alors, pour la première fois, elle prit
conscience du gouffre qui la séparait de son mari et comprit à quel point
le chemin qu'il avait pris l'avait éloigné d'elle. Le calme et la beauté d'un
autre monde se lisaient sur son visage et Yasodhara sentit que l'amour
qu'il lui avait un jour porté à elle seule devait désormais être partagé
avec tous les êtres vivants.

Quoique cela soit quelque peu intrigant, nous ne savons rien des
pensées qui occupèrent l'esprit de Gautama lors de cette rencontre
avec sa femme. Ceux qui ont rejoint « l'autre rive », la Paix du Nirvana,
ne peuvent être atteints par les passions humaines ; ils se sont conquis
eux-mêmes et ne peuvent plus être conquis. Il ne fait cependant aucun
doute que Gautama réconforta son épouse affligée car le cœur d'un
Bouddha est empreint d'une compassion et d'une tendresse infinies,
d'une compréhension profonde de la faiblesse et de la tristesse des
hommes. Gautama ne resta pas longtemps aux côtés de sa femme ; il
prit rapidement congé et s'en alla.

Les fiers seigneurs Sakya avaient d'abord été contrariés de voir que
leur parent était devenu un moine et un mendiant. Toutefois, lorsqu'ils
entendirent le Bouddha prêcher la doctrine de la paix et de la délivrance,
beaucoup furent convaincus de la justesse de ses propos. Plusieurs de
ses proches, notamment son demi-frère Nanda, devinrent moines eux
aussi et abandonnèrent leur statut royal. Quant au roi Shuddhodana, il
ne fit pas partie des premiers convertis mais, plus tard, il trouva la foi
et, pouvons-nous lire dans les écritures, il s'engagea sur les chemins.

Gautama avait un jeune cousin du nom d'Ananda. Un sage avait
prophétisé qu'il deviendrait disciple et auxiliaire de Bouddha. Le père

d'Ananda, craignant de perdre son fils, fit alors tout ce qu'il put pour empêcher les deux cousins de se rencontrer. Mais ses précautions ne servirent à rien. Un jour, Ananda se retrouva par hasard en présence du Bouddha et, comme beaucoup d'autres, il sentit immédiatement l'influence de la nature grande et noble du Maître. Quand Gautama se leva pour partir, Ananda lui emboîta le pas et nul ne put l'en empêcher.

Vous vous souvenez peut-être de Devadatta, le cousin de Gautama, un homme mauvais qui avait été particulièrement hostile à l'égard de Siddhartha lorsqu'ils étaient enfants. Lui aussi se convertit à la nouvelle doctrine et rejoignit la Fraternité des Moines. Néanmoins, sa conversion n'était pas sincère, comme nous le verrons plus loin.

À Kapilavatthu, nombre de femmes s'étaient converties. Certaines allaient voir le Bouddha et le suppliaient de les laisser rejoindre l'Ordre, en tant que nonnes, mais Gautama refusait. Ce ne fut que des années plus tard qu'il autorisa les femmes à rejoindre l'Ordre.

De son côté, Yasodhara continuait de pleurer son mari. Son amour pour Siddhartha l'aveuglait complètement et elle ne pouvait pas accepter cette amère vérité que son époux fût devenu un étranger pour elle. Un jour, ayant revêtu ses habits royaux et ses bijoux, Yasodhara se rendit avec ses dames de compagnie à l'endroit où Gautama allait chercher sa nourriture. Elle comptait attirer son regard, espérant encore vainement qu'il reviendrait vers elle. Avec le temps, cependant, Yasodhara trouva elle aussi la paix dans la foi du Bouddha. Elle rejoint l'Ordre et devint l'une des moniales les plus sincères.

Une semaine environ après l'arrivée du Bouddha à Kapilavatthu, Yasodhara envoya son fils demander son héritage à son père. Rahula suivit Gautama jusqu'à la forêt de banians et lui dit : « Père, un jour je serai le roi de ce pays ; donnez-moi mon héritage, le trésor dont je suis l'héritier. » Mais le Bouddha pensa : « Ce trésor que me demande mon fils est éphémère et n'apporte pas le bonheur ; je lui donnerai plutôt le septuple trésor que j'ai trouvé sous l'arbre Bo. Il deviendra ainsi l'héritier d'un royaume céleste. » Et il dit à Sariputta, l'un de ses principaux disciples, d'accueillir Rahula au sein de l'Ordre afin que le jeune enfant rejoignît la communauté et fût formé pour devenir moine.

Lorsque le roi entendit que son petit-fils allait devenir moine, il fut profondément peiné et il supplia le Bouddha de créer une règle qui à l'avenir interdirait à un enfant de rejoindre l'Ordre sans avoir demandé la permission à son père et à sa mère. Gautama accepta. Cette règle existe encore aujourd'hui ; quand un homme fait le vœu de rejoindre la Fraternité des Moines, on lui demande toujours s'il a la bénédiction de ses parents.

Parmi les héritiers au trône du pays des Sakyas, plusieurs étaient désormais moines et avaient par là renoncé à tout honneur terrestre. Il est à la fois étonnant et merveilleux que les prédications du Bouddha aient pu pousser tant d'hommes et de femmes à renoncer à tous leurs biens et à vivre dans la pauvreté et l'adversité au nom des trésors célestes du Royaume de la Justice.

Gautama resta environ deux mois à Kapilavatthu. Ensuite, il repartit pour Rajgir avec ses disciples.

Chapitre IX
Les Errances du Bouddha

LORSQUE LE BOUDDHA arriva à nouveau à Rajgir, il s'installa dans la bambouseraie offerte par le roi Bimbisara. D'autres forêts et jardins agréables lui avaient été donnés par des rois et de riches marchands. Cependant, ne croyez pas, que ces lieux appartenaient à Gautama : aucun moine bouddhiste n'a le droit d'avoir des biens propres. Le Bouddha insistait toujours pour que ces présents soient remis à l'Ordre plutôt qu'à lui-même. Un jour, Pajapati, la tante de Gautama qui avait pris soin de l'enfant comme s'il avait été le sien lorsque la mère de Siddhartha mourut, apporta au Bouddha un vêtement de laine qu'elle avait elle-même tissé, il la supplia de l'offrir à l'Ordre car, ce faisant, elle l'honorerait à la fois lui et la communauté des moines.

De tous les monastères que nous avons évoqués, aucun n'est plus célèbre que le Jetavana, un endroit magnifique situé près de Savatthi, la capitale de Kosala. Un beau jour, un riche commerçant nommé Anathapindika arriva à Rajgir avec ses cinq cents chars à bœufs remplis de marchandises. Il advint qu'il entendit le Bouddha prêcher et qu'il fut converti. Il souhaitait ardemment offrir un beau jardin au Bouddha et à l'Ordre des Moines et aucun lieu ne lui semblait plus approprié que la magnifique propriété du prince Jeta, près de Savatthi. Mais le prince refusa de vendre son jardin. Le marchand proposa alors un prix plus élevé, mais le prince refusa encore. Finalement, Anathapindika persuada le prince Jeta de lui vendre autant de partie de ce jardin qu'il pourrait couvrir entièrement de pièces de monnaie (des pièces carrées en cuivre avaient alors cours). L'argent fut amené sur des chars à bœufs et les pièces furent placées, l'une à côté de l'autre, sur toute la surface du jardin. Ayant acquis cette retraite paisible, le marchand construisit des habitations pour le Bouddha et quatre-vingts anciens, des huttes ou des cellules pour dormir et une large salle ouverte dotée de colonnes qui pouvait accueillir un grand nombre de personnes. Ces bâtiments furent ornés de couleurs vives et la grande salle fut parée de dessins de canards et de cailles.

Le long de la route qui sépare Rajgir de Savatthi, Anathapindika fit aussi construire des gîtes à une lieue d'intervalle l'un de l'autre. Sitôt que tout cela fut fini, il invita le Bouddha à venir recevoir son présent. Quand la nouvelle courut que le Bouddha et ses disciples s'approchaient de la ville, une grande procession se forma pour les accueillir. Le fils du marchand et cinq cents autres jeunes brandissant des drapeaux et des bannières aux couleurs vives marchaient en tête ; derrière eux se tenaient les deux filles d'Anathapindika et cinq cents jeunes filles portant des pichets d'eau ; venaient ensuite la femme du marchand et cinq cents femmes amenant des plats de nourriture pour les moines. Enfin, Anathapindika et cinq cents marchands vêtus de leurs plus beaux habits fermaient le cortège. Cette joyeuse compagnie était suivie de Gautama et de ses disciples et tous se dirigeaient vers le Jetavana, ou jardin de Jeta, où le marchand présenta solennellement son cadeau. Un bol d'or fut apporté et Anathapindika versa l'eau sur les mains du Bouddha en disant : « J'offre le monastère de Jetavana au bienheureux Bouddha et à la communauté des moines, à ceux qui sont ici aujourd'hui ou qui seront ici demain. » C'était un noble présent et le Bouddha montra combien il l'appréciait en y passant de nombreuses saisons des pluies.

Au cours de la saison douce, les membres de la communauté se séparaient, prenant des directions différentes pour prêcher dans tous les villages ; mais lorsque la pluie reprenait, les disciples se retrouvaient et se rassemblaient autour du Maître pour profiter d'une calme retraite.

La saison des pluies en Inde n'a rien à voir avec le temps humide que nous connaissons en Occident. En Inde, les saisons sont plus régulières que ne l'est notre climat changeant. Après une longue période de beau temps ininterrompu, la saison des pluies, aussi appelée mousson, commence et se poursuit pendant environ trois mois. Au ciel clair comme du cuivre poli, à la chaleur sèche, caniculaire, brûlante comme une fournaise, succède finalement une fraîcheur bienvenue. Un parfum d'humidité remplit l'air, des nuages pourpres se dessinent sur l'horizon et obscurcissent petit à petit le ciel. Des éclairs fréquents et les gron-

Gautama prêchant à ses disciples
(Sidney Stanley)

dements lointains du tonnerre annoncent le déluge à venir. Les nuages finissent par exploser sur la terre et des torrents de pluie se déversent pendant des semaines, ne cessant que pour de brefs intervalles. Parfois la pluie provoque de graves dégâts : les rivières sortent de leur lit, des villages entiers sont balayés par les inondations, des centaines d'hommes et de têtes de bétail se noient. Mais, malgré les destructions qu'elle occasionne parfois, la mousson est nécessaire au bien-être du peuple indien, tout comme la crue du Nil est essentielle pour les Égyptiens. Sans ces précipitations, les cultures seraient dévastées et les gens mourraient de faim. La mousson est dès lors attendue avec impatience car elle porte en elle la fertilité et l'abondance.

Pour les moines, la saison des pluies est une période de méditation calme et d'enseignement religieux. Elle correspond à bien des égards à notre temps de carême. Certains des sermons les plus célèbres du Bouddha furent prononcés au cours de cette saison, dans l'un ou l'autre des monastères où il avait l'habitude de se retirer.

Beaucoup de gens imaginent que le Bouddha consacrait la plupart de son temps à la méditation silencieuse. Ils se le représentent assis, passif, sous un arbre. Mais en réalité, peu d'hommes ont mené une vie aussi bien remplie et aussi active que celle de Gautama entre le moment de son éveil et le jour de mort. Il avait vingt-neuf ans lorsqu'il quitta sa maison de Kapilavatthu, puis il passa six années à rechercher la Vérité ; il avait donc environ trente-cinq ans lorsqu'il commença à prêcher en public. À partir de là, Gautama passa sa vie à travailler activement. Pendant quarante-cinq ans, car il vécut jusqu'à l'âge de quatre-vingts ans, il ne cessa jamais ses efforts pour répandre la foi qui, selon lui, apporterait la bénédiction à l'humanité. Car le Bouddha regardait avec amour et compassion tous les êtres vivants et désirait qu'ils puissent tous profiter de la connaissance des grandes vérités qu'il avait découvertes sous l'arbre Bo.

La terre qui s'étend entre Rajgir et Savatthi, de part et d'autre du Gange, est connue comme la terre sacrée des bouddhistes. C'est là, en effet, que le Bouddha voyagea pendant de nombreuses années pour prêcher la doctrine de la paix et de la délivrance et partout, ou presque, le sol avait été sanctifié par les pas du grand Enseignant. Où qu'il allât, il était accueilli par le peuple, et tous ceux qui étaient tristes ou affligés allaient le voir pour trouver des conseils et du réconfort. Car même si le Bouddha avait atteint la Grande Paix et n'était plus touché par la tristesse humaine, il éprouvait une profonde compassion pour les malheureux.

Ce fut au cours de sa cinquième année de prédications, alors qu'il passait la saison des pluies à Magadha, que Gautama reçut un messager qui arrivait en hâte de Kapilavatthu pour lui apprendre que le roi Shuddhodana était malade, et qu'il était fort probable qu'il mourut bientôt. Entendant cela, Gautama partit en hâte vers sa ville natale, où il trouva son père encore vivant. Le roi, désormais âgé de quatre-vingt-dix-sept ans, réclamait la présence de son fils car il sentait que sa fin était proche. Jadis, il avait pleuré car son fils avait refusé de régner sur un royaume terrestre et avait décidé de fonder le « Royaume de la Justice ». Il aurait donné tout ce qu'il avait pour que Gautama devienne un monarque puissant, seigneur de la terre entière, plutôt qu'un mendiant au crâne rasé, vivant dans le dénuement et l'adversité. Mais avec le temps, Shuddhodana avait pris conscience des nobles vérités qui se trouvaient dans l'enseignement de son fils et il avait, lui aussi, pris le chemin de la Paix.

Quelques jours à peine après l'arrivée de Gautama à Kapilavatthu, le vieux roi mourut. Les hindous ont pour tradition de brûler leurs morts et un grand bûcher funéraire fut préparé pour la crémation du corps du roi. Une fois les cérémonies dûment effectuées, le Bouddha reprit la route et retourna à Magadha.

Un jour, peu après ces événements, la veuve du roi, Pajapati, arriva à Magadha et demanda humblement à parler au au Bouddha. Quand le Bouddha était retourné pour la première fois à Kapilavatthu, Pajapati et d'autres femmes sakyas l'avaient supplié de les laisser devenir nonnes. Elles étaient prêtes à abandonner tous leurs biens, à porter l'habit jaune et à mener la même vie que les moines. Mais le Bouddha avait refusé leur demande. « Cherchez la perfection dans vos foyers, avait-il dit, portez les robes blanches que revêtent les femmes et n'aspirez pas à porter l'habit jaune des moines et à vivre leur dure existence. Menez une vie pure et vertueuse et vous trouverez ainsi la paix et le bonheur. »

À la mort du roi, Pajapati, Yasodhara et un grand nombre de femmes sakyas décidèrent de solliciter à nouveau la permission de rejoindre l'Ordre. Elles coupèrent leurs longs cheveux, enfilèrent de grossières robes jaunes et se mirent en marche pour Magadha, où se trouvait le Bouddha. Elles y arrivèrent épuisées, salies par le voyage, les vêtements en lambeaux, car la route avait été dure et qu'elle passait par la jungle. Mais lorsque la reine put rencontrer le Bouddha et lui répéter sa requête, elle reçut la même réponse que par le passé. Alors, accablée de chagrin, elle sortit et s'assit, en larmes, à l'entrée de la maison. Ananda, le cousin de Gautama, la trouva là et lui demanda la raison de sa souffrance. L'ayant écoutée, Ananda, qui avait bon cœur, alla voir son cousin qui l'aimait beaucoup, et plaida la cause de la reine avec ferveur. Le Bouddha finit par céder et accepta, à contrecœur, que des femmes rejoignissent l'Ordre. Alors ces courageuses femmes se réjouirent et renoncèrent au confort et au faste auxquels elles étaient habituées. Comme les moines, elles adoptèrent un mode de vie simple et désintéressé. C'est ainsi que fut créée la Communauté des Moniales bouddhistes. De nombreuses femmes, qui avaient appris par la tristesse du monde que le bonheur était éphémère, trouvèrent refuge dans cette communauté de nobles femmes. Kisagotami, une femme originaire de Savatthi, figurait parmi celles qui avaient appris cette dure leçon. Son histoire est connue comme « la parabole de la graine de moutarde ».

En Inde, les femmes se marient très jeune. Kisagotami sortait à peine de l'enfance lorsqu'elle dut affronter la tristesse la plus amère que toute femme peut connaître : son bébé, le bonheur de sa vie, tomba malade et mourut. La pauvre mère était dans un tel état qu'elle ne pouvait croire que son fils était bel et bien mort. Elle l'installa sur sa hanche, comme le font les mères indiennes, et elle alla voir tous ses amis pour leur demander un remède pour son petit garçon. Mais tous la regardèrent, ébahis, et lui dirent qu'aucun remède ne pourrait servir. Et la malheureuse Kisagotami erra ainsi de maison en maison, portant son enfant mort et répétant sa requête. Elle croisa finalement un moine qui eut pitié d'elle et la convainquit d'aller demander conseil au Bouddha. Kisagotami se rendit alors au jardin de Jeta où se trouvait le Bouddha.

Elle se prosterna à ses pieds et lui demanda s'il pouvait lui donner un remède qui guérirait son enfant. « Amène-moi des graines de moutarde, répondit-il, mais elles doivent provenir d'une maison où aucun parent, aucun enfant, aucun proche ni aucun esclave ne soit mort ».

Kisagotami, qui étreignait toujours son enfant, se mit en quête des précieuses graines de moutarde, pleine d'espoir. Mais dans une maison, on lui disait que le maître y était mort, dans une autre, qu'on avait perdu un enfant, et dans d'autres encore, qu'un esclave ou qu'un membre de la famille s'était éteint. La pauvre Kisagotami ne parvenait pas à trouver une maison qui n'avait jamais été visitée par la Mort. Elle commença finalement à comprendre la vérité que le Bouddha cherchait à lui enseigner : l'ombre de la mort plane sur nous tous, personne dans ce monde ne peut échapper à la tristesse et à la perte d'un être cher. Kisagotami abandonna alors son enfant mort dans une forêt et retourna voir le Bouddha. « Mon Maître, dit-elle, je n'ai pas apporté de graine de moutarde car les morts sont nombreux et je ne puis trouver de maison où la mort ne se soit rendue. » Le Bouddha réconforta la pauvre mère et lui enseigna la vérité de la tristesse. Il lui expliqua que les hommes comptent toujours sur leurs proches, sur leurs richesses, sur leurs troupeaux pour être heureux ; mais un jour, comme une inondation dans la nuit, la Mort arrive et enveloppe tout. Ce n'était pas la première fois que Kisagotami perdait un enfant qu'elle aimait tendrement ; à de nombreuses reprises, dans des vies antérieures, elle avait subi l'immense peine d'être séparée de ceux qu'elle chérissait, et peut-être subirait-elle encore de nombreuses fois cette même douleur. Alors Kisagotami comprit que la Mort ne peut être conquise que dans la Paix du Nirvana. Elle supplia le Bouddha de l'accueillir dans la Communauté des Moniales et c'est ainsi qu'elle emprunta le chemin de la Paix. « Ce chemin est droit : il mène l'homme vers l'autre monde. C'est la route qui mène à l'océan de la pureté. »

Chapitre X
La Fraternité des Moines

L'ORDRE BOUDDHISTE EST la plus ancienne communauté religieuse du monde. Elle fut fondée par le Bouddha il y a environ 2500 ans et existe encore à l'heure actuelle. L'ordre bouddhiste diffère des ordres chrétiens en un point fondamental : les vœux que prononce un moine bouddhiste en rejoignant la communauté ne sont pas irréversibles. Si un homme se rend compte qu'il n'est pas fait pour être moine, il peut, à n'importe quel moment, quitter le monastère et retourner au monde. Être exclu pour avoir transgressé une règle de l'ordre est toutefois considéré comme une grande disgrâce. Par ailleurs, il est fréquent de rejoindre l'ordre pour quelques mois ou pour une courte période, notamment pendant la saison du carême, et dans certains pays bouddhistes, rares sont les hommes qui n'ont pas été moine à un moment de leur vie.

Lorsqu'un bouddhiste devient moine, il a pour objectifs de libérer son esprit des désirs terrestres et d'atteindre le calme qui s'obtient en voyant les choses comme elles sont vraiment et en comprenant leur vraie valeur. Le Bouddha a dit que nul ne peut emprunter le chemin qui mène à la Paix du Nirvana sans cesser d'aspirer aux plaisirs et aux exaltations du monde. Et très peu peuvent faire cela sans renoncer au monde et sans mener une vie d'errance. En se rasant la tête et en portant l'habit jaune, un homme se retire du monde et donne un nouveau cours à son existence. Les lois extérieures n'ont pas de valeur pour la vie intérieure. Le Bouddha nous dit : « Ce n'est pas en étant sale, en jeûnant, en dormant à même le sol qu'un homme devient pur ». Ces comportements n'aident pas non plus à expier les péchés. Si l'hindou pense qu'il peut échapper à la punition du péché en pratiquant des sacrifices, les disciples du Bouddha pensent que rien ne peut interférer avec la Loi universelle de cause à effet. D'une certaine manière, la souffrance est le résultat inévitable du péché : la douleur suit le méfait aussi sûrement que « la roue suit la patte du bœuf qui tire le char ». Rien ne peut libérer un homme de la punition du péché. « Ni le ciel, ni la haute mer, ni les crevasses des montagnes, aucun endroit du monde ne peut libérer un homme d'un méfait. » La punition doit le rattraper, tôt ou tard, au cours de sa vie présente, d'une vie future, ou en enfer. Néanmoins, les bouddhistes ne croient pas en un châtiment éternel ; quand un être a payé sa dette pour les méfaits qu'il a commis, il peut reprendre le chemin vers le salut.

C'est à cela, au chemin vers le salut, que le moine se consacre lorsqu'il renonce au confort et aux plaisirs de l'existence. La cérémonie qui permet d'adhérer à la Fraternité des moines est très solennelle et impressionnante. Elle a été mise en place aux premiers temps du bouddhisme et n'a pratiquement pas changé depuis deux mille ans. L'homme qui est sur le point d'être accueilli au sein de l'Ordre doit se présenter devant une assemblée de dix moines au moins, qui estiment s'il peut être admis. La cérémonie d'ordination a généralement lieu dans une longue salle ouverte dont le toit est soutenu par des colonnes. À l'une des extrémités de cette salle est assis le moine le plus âgé ; les autres sont assis en tailleur sur des nattes et forment deux rangées le long de la salle. Le prétendant, vêtu de ses habits ordinaires, porte la robe jaune dans ses bras, et marche vers le moine le plus âgé, s'agenouille devant lui et demande trois fois à être admis au sein de la communauté. Ensuite, il se retire pour enfiler l'habit jaune pour la première fois. Lorsqu'il revient, habillé comme un moine, il s'agenouille et répète la formule des « Trois Refuges » :

« Je me réfugie dans le Bouddha ; je me réfugie dans la Doctrine ; je me réfugie dans la Fraternité. »

Cette formule est répétée trois fois, puis le nouveau moine fait le vœu d'observer les Dix Préceptes, ou Commandements, en les répétant un à un.

« Je fais le vœu de ne pas détruire la vie. » Voilà le premier commandement. Un bon bouddhiste ne doit pas blesser ou tuer de créature vivante car le Bouddha a dit : « Celui qui, cherchant son propre bonheur, punit ou tue des êtres qui aspirent eux aussi au bonheur, ne trouvera pas le bonheur après la mort». Le second commandement interdit de voler. Le troisième enjoint à une vie de pureté. Le quatrième interdit de mentir ou de parler fallacieusement. Nous pouvons lire ceci dans les recueils de vers sacrés : «Que personne ne mente dans la salle de la justice... que personne n'y porte le mensonge.» Le cinquième commandement condamne l'utilisation de boissons alcoolisées, qui mènent les hommes au péché. «Dans l'ivresse, les imbéciles commettent des péchés et souillent les autres.»

Ces cinq préceptes doivent être suivis par tous les bouddhistes, laïques ou moines ; les cinq autres ne concernent que les moines, puisqu'ils interdisent de se nourrir après midi, d'assister à des pièces de théâtre ou à des divertissements, de porter des bijoux, de dormir sur des couches moelleuses et enfin de recevoir de l'or ou de l'argent, étant donné qu'aucun moine n'a le droit d'en posséder.

Après que le nouveau moine a prononcé les Dix Préceptes, la cérémonie d'ordination prend fin et le nouveau moine devient un novice, ou débutant. Il ne peut pas être ordonné moine à part entière avant ses vingt ans.

Le novice, qui commence sa nouvelle vie, devient l'élève d'un moine plus âgé qui agit envers lui comme un père envers son fils. Et le novice, de son côté, respecte les volontés quotidiennes de son père spirituel. Il est de son devoir de se lever avant l'aube, de se laver, de nettoyer la maison et de balayer autour de l'arbre Bo, qui est planté près de chaque monastère en souvenir de l'arbre Bo sacré sous lequel Gautama avait trouvé l'éveil. Une fois ces tâches effectuées, et après avoir été chercher de l'eau pour la journée et l'avoir purifiée, le novice s'assoit et médite. La méditation consiste à fixer l'esprit sur un sujet donné, interdisant toutes les autres pensées. Méditer sur l'un ou l'autre sujet sacré est une forme de prière qui est pratiquée dans la religion du Bouddha.

Les moines bouddhistes n'ont droit qu'à un repas par jour, qui doit être pris entre le lever du soleil et midi. Le matin, le novice suit son supérieur au village pour une quête quotidienne de nourriture. Les moines se tiennent devant la porte des maisons, leur sébile à la main, silencieusement car ils ne peuvent pas demander quoi que ce soit. Ils vont de foyer en foyer, sans faire de bruit et sans se plaindre de ceux qui ne donnent rien. Dans les pays bouddhistes, les gens aiment et honorent les moines et considèrent que leur donner de la nourriture est un privilège – même les plus pauvres achètent une petite portion de riz ou un petit fruit pour en faire don au moine lors de sa visite quotidienne. Mais les moines n'acceptent que de la nourriture ou des choses indispensables à la vie, car ils ne peuvent posséder d'argent. En fait, ils n'ont que huit biens, jugés nécessaires : une sébile, un rasoir, une aiguille, un filtre à eau, trois robes et une ceinture. Les trois robes, que nous avons souvent mentionnées, consistent en trois pièces de coton grossier teintes en orange terne. Deux de ces étoffes sont des sous-vêtements, la troisième se porte un peu comme une toge romaine, un pan reposant sur l'épaule gauche, le bras droit dénudé.

Les moines bouddhistes mènent une vie simple et désintéressée mais, contrairement aux hommes saints hindous, ils ne s'imposent pas de jeûne ou de pénitence. Car le Bouddha, ayant prouvé l'inutilité de ces pratiques, interdit à ses fidèles de s'y livrer. Un moine passe son temps à étudier les livres sacrés, à les copier, à en apprendre des passages par cœur, à méditer sur les grandes vérités qu'ils renferment et à les enseigner aux plus jeunes, car les écoles dépendent de monastères, et à s'occuper des simples tâches quotidiennes. Les cérémonies et les rituels n'occupent que très peu de place : des fleurs sont déposées sur l'autel, où se trouve l'image du Bouddha. Il est assis dans un état de contemplation tranquille et symbolise la Grande Paix qui est l'objectif de tous les vrais bouddhistes. Cela dit, ne croyez-pas que les bouddhistes vouent un culte à ces images. Ils vénèrent le Bouddha, perfection de l'humanité, Grand Enseignant qui a appris la vérité et l'a enseignée à l'humanité, mais ils ne considèrent pas qu'il soit supérieur à l'être humain. Les hommes et les femmes déposent des fleurs sur les autels du Bouddha, souvent construits à l'ombre de grands arbres. En silence, les fidèles s'assoient et méditent sur la vie belle et sainte qu'il a menée, lui qui leur a montré le chemin vers la Paix. Parfois, les moines lisent des passages des textes sacrés aux personnes rassemblées autour de l'autel ; mais dans ces pays, où la simple foi du Bouddha prévaut, il n'y a pas d'office régulier comme dans les églises chrétiennes.

Deux fois par mois, à la nouvelle lune et à la pleine lune, tous les moines d'une région se rassemblent pour la Confession. Le plus vieux moine de la communauté lit un passage des Ecritures puis demande aux moines s'ils ont des péchés à confesser. Si l'assemblée reste silencieuse, la question est posée une deuxième puis une troisième fois et le moine qui, ayant un péché sur la conscience, ne dit rien lorsque la question est posée une troisième fois, est coupable d'avoir dit un mensonge intentionnellement.

Nous avons déjà parlé de la Communauté des moniales, fondée par Pajapati, la tante et mère adoptive du Bouddha. Les sœurs vivent ensemble dans des communautés et obéissent aux mêmes règles que les moines. Elles considèrent les moines comme leurs supérieurs, suivent leur enseignement et leur confessent leurs péchés. Comme les moines, les moniales sont libres de revenir au monde si elles le souhaitent. Et ne les imaginez pas recluses comme les nonnes de chez nous. Lorsque le bouddhisme en était encore à ses débuts, des Communautés de moniales virent le jour dans nombre de villes et de villages. Certaines sœurs se mirent à enseigner la Doctrine et firent même parfois des prédications devant le peuple car à l'époque les Indiennes jouissaient d'une liberté bien plus grande que celle des hindoues aujourd'hui.

Si les moines vivaient principalement entre hommes, errant d'un endroit à l'autre pour prêcher les vérités enseignées par le Bouddha, nombre d'entre eux vivaient en ermites dans les grandes forêts. En effet, les moines choisissaient souvent, pour un temps, une vie de solitude car elle est la meilleure manière d'atteindre l'indifférence aux choses terrestres. Et cette indifférence est la première leçon qui doit être apprise par les moines en robes jaunes.

Ces moines, qui vivaient dans la grande solitude de la jungle indienne, étaient au contact de la Nature et apprenaient à l'aimer et à la comprendre comme les habitants des villes animées ne le pourront jamais. Sans abri, sinon celui d'un grand d'arbre ou d'une grotte, ils erraient dans la jungle, libres et sans crainte, tel l'éléphant ou le rhinocéros, car celui qui s'était conquis lui-même ne connaissait pas la peur. Dans une clairière ou au sommet d'une montagne balayée par le vent, ces hommes solitaires trouvaient la liberté et la joie. La profondeur de leur amour pour la Nature peut être devinée dans les poèmes ou les psaumes que nombre d'entre eux nous ont laissés. Les fleurs au bord des ruisseaux, les grues gris clair sortant des marécages au crépuscule et ouvrant grand leurs ailes pour planer dans la lueur du coucher du soleil, les brises légères qui agitent les arbres à la tombée du jour, les clairs de lune illuminant les sentiers obscurs de la jungle, ces choses emplissaient les contemplateurs d'une joie tranquille. «Ils se déplacent dans la paix, au cœur des forêts ou des montagnes; ils sont heureux de trouver le bonheur et laissent la tristesse derrière eux…» Et ce n'était pas seulement lorsque la Nature était clémente que ces ermites se réjouissaient car ils parlent aussi de la joie qu'ils ressentaient lorsque des nuages d'orage traversaient le firmament, lorsque des éclairs zébraient le ciel, lorsque «le tonnerre jouait du tambour dans les cieux». Et, nez à nez avec la Nature, le moine apprend sa leçon, apprend à dompter son esprit de sorte que, «comme une pierre, il ne bouge plus, sans passion au cœur de la passion, sans colère au cœur de la colère». Son devoir est alors accompli («Ce qui devait être fait a été fait»); son esprit qui a éteint les feux des passions terrestres est aussi froid que les sommets enneigés de l'Himalaya.

Les moines sont tenus en haute estime par les habitants des pays bouddhistes car ils mènent une vie pure, détachée du monde. Chaque cadeau offert à ces hommes saints est un présent pour celui qui le donne et qui se rapproche par là de la compréhension des doctrines du Bouddha. Et même si tous les bouddhistes ne voient pas la vérité suffisamment clairement pour se détacher des plaisirs terrestres, ils considèrent néanmoins que la vie de moine est la vie la plus haute que l'on puisse mener. Car dans un monde où rien n'est fixé, où le changement est toujours à l'œuvre, transformant et détruisant tout, à quoi peut donc s'accrocher un homme, sinon à ce qui ne change jamais: la Paix du Nirvana. Mais l'enseignement du Bouddha est difficile à mettre en œuvre et ce n'est qu'après de nombreuses vies et de nombreuses peines qu'un homme comprend la nature fuyante de ce qu'il s'efforce d'obtenir. «Jour après jour cette vie s'écoule; quelle réjouissance trouver dans une chose aussi brève?»

Chapitre XI
Histoires d'Antan

LES MOINES SONT depuis toujours des missionnaires zélés. Grâce à leurs efforts, la Foi s'est répandue au-delà des frontières où elle était née. Car le bouddhisme, comme le christianisme et l'islam, est une religion qui s'est développée par l'action de missionnaires ; très tôt, des professeurs de la foi sont partis en mission pour convertir les peuples à la doctrine du Bouddha et inviter le monde entier à profiter des bienfaits de son enseignement. Ainsi, vous vous en souvenez certainement, le Bouddha avait envoyé ses soixante premiers disciples dans des directions différentes pour annoncer le message du salut. Ces hommes devaient prêcher pour les riches comme pour les pauvres, pour les hommes comme pour les femmes, pour les sages comme pour les ignorants.

Lorsque le Bouddha enseignait à des paysans simples, qui se rassemblaient au Jetavana pour l'écouter, il utilisait régulièrement des paraboles et des allégories. Souvent, au cours de nuits agréables, quand le jardin était assoupi au clair de lune et que les lucioles luisaient dans l'ombre sous les arbres, telles les faibles lumières d'une allée de cathédrale, Gautama s'asseyait dans la grande salle ouverte, surplombant le cercle de son public attentif, et racontait des histoires simples qu'ils pouvaient comprendre. Il leur apprenait que chaque homme récolte nécessairement le fruit de ses actions, que le bien engendre le bien et que le mal engendre le mal. Nombre de ces histoires, qui enchantaient les oreilles des fidèles, sont bien connues et aimées en Europe. En effet, les fables d'Ésope trouvent en fait leur origine en Inde et certaines furent racontées pour la première fois par Gautama dans le fameux jardin de Jeta. Ainsi, la fable de la tortue trop bavarde, celle de l'âne vêtu de la peau du lion, et bien d'autres encore, étaient familières aux oreilles des Indiens, il y a plus de deux mille ans. Ces histoires ont toutes une morale, autrement dit, un enseignement, et ce sont généralement les sages et les vertueux qui sortent grandis de la fable tandis que celui qui agit mal ou sottement subit les conséquences de ses actes.

Certaines de ces paraboles indiennes nous ont montré comment un être peut, au cours de vies innombrables, passer, petit à petit, de l'état le plus bas à l'état le plus élevé, et même au sommet de la perfection atteint par le Bouddha. Le sort de chaque être dépend en effet de ses efforts : pour le meilleur ou pour le pire, c'est lui qui tisse le fil qui relie ses nombreuses vies entre elles. Chaque vie est la conséquence directe de la précédente de sorte qu'en réalité, ces nombreuses vies n'en forment qu'une, la mort n'étant qu'une interruption, un changement qui mène à une nouvelle phase de l'être.

Un grand nombre de ces vieux récits parlent des vies antérieures qu'aurait menées Gautama le Bouddha, vies humaines mais aussi animales, dans le corps d'un lièvre, d'une caille ou d'un cerf, par exemple. Dans ces contes, il porte le nom de Bodisat, « celui qui cherche à atteindre la perfection du Bouddha mais n'a pas encore connu l'éveil ». Au cours de chacune de ces vies, il effectue un acte de vertu et fait un pas de plus sur le chemin de l'élévation.

Un conte, Le Cerf dévoué, raconte l'une des vies du futur Bouddha ; il était alors un noble cerf, roi d'une harde de mille bêtes vivant à l'abri d'une belle vallée. C'était un magnifique cerf qui prenait soin des autres animaux et gardait son sang-froid en cas de danger. Un jour, un chasseur qui traquait du gibier dans les collines avoisinantes remarqua le cerf et sa harde nombreuse. Il s'en fut trouver le roi pour lui en parler. Ce dernier, ravi de la perspective d'une bonne journée de chasse, se rendit dans la vallée avec tous ses soldats. Ensemble, ils encerclèrent la harde.

Le brave cerf était déterminé à faire tout son possible pour sauver ses frères ; il ne voyait cependant aucune manière d'échapper aux hommes, sinon en traversant un vif cours d'eau qui coulait au bas de la vallée. Mais les cerfs, surtout les plus jeunes et les plus faibles, n'avaient aucune chance de franchir le torrent écumeux sans risquer leur vie. Que faire ? Le cerf, ne pensant plus à lui-même mais seulement au bien-être de la harde, s'élança au milieu du cours d'eau et appela les autres animaux à sauter sur son dos et à bondir ensuite sur l'autre rive. Un par un, les cerfs sautèrent sur le dos de leur roi, s'en servant comme d'un tremplin, et tous traversèrent ainsi la rivière. Malheureusement, après cela, le cerf était grièvement blessé; la chair de son dos, piétinée par les pinces de mille cerfs, était déchirée jusqu'à l'os. Le roi sentait que sa mort était proche. Soudain, il vit un jeune faon qui n'avait pas réussi à suivre le troupeau. Il l'appela, l'exhorta à se dépêcher de rejoindre la rivière et réussit finalement à lui faire franchir le cours d'eau. Ensuite, il s'étendit et poussa son dernier soupir.

Par ce noble sacrifice, le cerf avait ainsi sauvé toute sa harde de la mort. En donnant sa vie pour épargner celle des autres, il avait accompli un acte de vertu et avait ainsi fait un pas de plus sur le chemin de l'élévation qui mène à la perfection.

Dans d'autres histoires, le futur Bouddha est dépeint sous les traits d'un marchand, d'un trésorier du roi, d'un vendeur de cuivres et ainsi de suite. L'un de ces récits, intitulé S'accrocher à la vérité, cherche à mettre en garde ceux qui sont trop facilement enclins à suivre les conseils du premier venu. Permettez-moi de vous le raconter:

Un jour, le Bodisat revint au monde dans une famille de marchands qui vivait à Bénarès. Quand il devint adulte, il se mit à voyager, tantôt vers l'est, tantôt vers l'ouest, pour vendre les marchandises de ses cinq cents chars à bœufs. Dans la même ville vivait un autre fils de marchand. Il était bête et lent; il manquait de finesse. Il advint que ces deux jeunes marchands avaient rassemblés beaucoup de biens de valeur et qu'ils avaient chacun chargé leurs articles sur leurs cinq cents chars à bœufs. Le Bodisat se dit alors: «Si nous voyageons ensemble, il n'y aura pas assez de place pour tous nos chars; nous ne trouverons pas assez d'eau ni assez de bois, ni assez d'herbe pour les bœufs.» Alors il dit à l'autre marchand: «Nous ne pouvons pas voyager ensemble; choisis donc si tu veux partir le premier ou si tu veux partir après moi.» Et le jeune marchand choisit de partir le premier, se disant que cette place était plus enviable, ainsi il y aurait plus d'herbe pour les bœufs, l'eau ne serait pas trouble et il serait le premier à vendre ses biens au marché. Il attela alors ses bœufs aux cinq cents chars et se mit en marche. La route qui menait à la ville vers laquelle se dirigeait la caravane passait par un grand désert asséché, hanté par des démons. Avant d'entrer dans ce désert, le marchand dit à ses hommes de remplir d'eau de grandes jarres, qui furent placées sur les chars. Ils entamèrent ensuite la traversée. À mi-chemin, ils rencontrèrent un homme assis dans un char somptueux tiré par des bœufs blancs comme le lait. Dix ou douze serviteurs l'accompagnaient. Ils étaient tous parés de guirlandes de nénuphars et portaient des bouquets de fleurs de lotus rouges et blanches. Les cheveux et les vêtements de ces hommes ruisselaient d'eau et les roues du char étaient couvertes de boue. Le marchand salua le voyageur et lui demanda s'il avait plu sur la route qu'il avait empruntée. « Plu ! s'exclama le chef des démons (car c'était lui), il pleut toujours sur cette route ! Au-delà de la forêt verdoyante que tu verras bientôt, l'eau coule à flots ; les rivières ne sont jamais à sec et l'on trouve des étangs couverts de fleurs de lotus. » Le marchand, naïf, crut cette histoire et, sur les conseils du démon, fit vider les jarres pour alléger les chars, à quoi bon emmener de l'eau dans un pays où il pleut sans cesse ? Ensuite, les démons disparurent et regagnèrent leurs pénates.

Mais les malheureux voyageurs se rendirent vite compte de la grave erreur qui avait été commise car devant eux s'étendait un désert desséché sans la moindre trace d'eau ! Lorsque la nuit tomba, ils installèrent leur bivouac sur le bas-côté mais comme ils n'avaient pas une seule goutte d'eau, ils ne purent ni cuire leur riz ni donner à boire aux bœufs fatigués. Épuisés et démoralisés, les hommes s'endormirent et personne ne monta la garde le campement pendant la nuit. Au point du jour, les créatures maléfiques sortirent de la ville des démons et s'abattirent sur le campement. Ils tuèrent les hommes et les bœufs et ne s'en allèrent qu'après les avoir tous dévorés, ne laissant d'eux que leur carcasse. C'est ainsi que tous ces hommes furent anéantis par la bêtise d'un marchand qui avait cru l'histoire d'un démon.

Un mois et demi plus tard, le Bodisat et sa caravane se mirent en route, suivant le chemin emprunté par l'autre marchand. Lorsqu'ils arrivèrent au milieu du désert, ils rencontrèrent le démon sur son char tiré par des bœufs blancs. Cette fois encore, le démon et ses serviteurs semblaient avoir été trempés par la pluie ; ils portaient des fleurs de lotus et des couronnes de nénuphars. Le démon raconta au Bodisat la même histoire qu'au jeune marchand. Mais le Bodisat, qui avait la tête froide, se dit : « Cet homme me semble bien hardi et je vois qu'il ne projette pas d'ombre sur le sol, comme les hommes ordinaires. C'est un démon, cela ne fait aucun doute, et il raconte certainement un mensonge. Je ne vais pas lui prêter attention. » Quand le démon suggéra aux hommes de se débarrasser de leur eau afin d'alléger les chars, le Bodisat lui dit qu'il pouvait s'occuper de ses propres affaires. Et les démons, cette fois encore, disparurent et regagnèrent leur ville. Le Bodisat s'adressa alors à ses hommes et leur dit qu'il était certain que l'étranger était un démon. « De plus, poursuivit-il, son histoire ne tient pas la route ; si nous avions été aux abords d'une contrée aussi pluvieuse, nous aurions vu des nuages ou entendu l'orage, car le tonnerre s'entend à des lieues à la ronde et l'on ressent l'humidité des nuages de bien loin. Or, personne n'a vu un nuage dans le ciel ou remarqué le moindre signe de temps pluvieux. » Alors la caravane se remit en branle et arriva à l'endroit où l'autre marchand avait installé son bivouac. Les cinq cents chars étaient là, débordant de marchandises comme au début du voyage, et les carcasses des hommes et des bœufs étaient éparpillées tout autour. Avant la tombée de la nuit, les hommes du Bodisat avaient préparé leur campement ; les chars étaient arrangés en cercle, formant une défense solide, et les bœufs, qui avaient bu et mangé, se trouvaient au milieu de cet abri. Le Bodisat et ses hommes montèrent la garde toute la nuit, sabre à la main, et les démons n'osèrent pas les attaquer. Au lever du jour, les bœufs furent attelés aux chars et la caravane s'ébranla. Ayant atteint sans encombre sa destination, le Bodisat vendit sa marchandise à prix d'or ; puis ses hommes et lui-même rentrèrent à Bénarès en toute sécurité. Ainsi se termine cette histoire, S'accrocher à la vérité, s'accrocher à ce que l'on sait être juste plutôt qu'écouter des conseils douteux.

La plupart de ces récits désuets nous enseignent la valeur inestimable des actes d'abnégation. Une autre histoire parle ainsi d'un lièvre sage, qui aurait été l'une des incarnations du futur Bouddha, il y a bien, bien longtemps. Ce lièvre, peut-on lire, vivait sur le flanc d'une montagne, aux côtés d'autres animaux. Un jour, un homme saint passa par là et les animaux eurent très envie de lui offrir un cadeau. Chacun donna quelque chose en fonction de ce qu'il avait mais le lièvre se dit : « Qu'ai-je donc à offrir ? Le seul cadeau que je puisse faire à cet homme saint, c'est moi-même ! » Et apercevant un feu qui brûlait non loin de là, le lièvre sauta dans les flammes et se laissa griller pour que l'ermite puisse le manger. Il tira de cet acte d'abnégation suprême un grand mérite. Qu'y a-t-il en effet de plus noble que d'offrir sa propre vie ?

Dans une autre fable, le Bodisat apparaît dans le corps d'un ermite retiré dans une grande forêt. À l'époque une grave famine faisait rage : la pluie n'était pas tombée depuis des mois, toutes les cultures avaient été dévastées et pas un brin d'herbe ne sortait du sol. La terre était si sèche qu'elle se déchirait, formant des gouffres et des crevasses. Un jour, alors que l'ermite méditait sous un arbre dans la chaleur caniculaire, il aperçut une tigresse hâve, émaciée, avec ses deux petits. La bête était si marquée par la famine qu'elle pouvait à peine avancer ; les tigreaux gémissaient, réclamant à manger à leur mère qui ne pouvait rien leur donner.

L'ermite ressentit une profonde compassion pour la pauvre tigresse et ses petits affamés et il se dit : « Je vais accomplir le plus grand acte d'abnégation qui soit ; je vais donner ma vie pour cette tigresse rongée par la faim. Elle pourra ainsi nourrir ses petits et soulager leur douleur ». Et il s'étendit devant la bête sauvage qui, voyant une proie, lui sauta dessus et le dévora. Ces contes peuvent paraître étranges et incroyables aux oreilles occidentales mais ils trouvent un écho chez les Orientaux, qui considèrent que l'abnégation est la valeur la plus sacrée.

Voici maintenant une autre histoire, Le Taureau noir de la vieille femme, qui vous intéressera peut-être. Il y a bien longtemps, le Bodisat se réincarna en taureau. Alors qu'il n'était encore qu'un jeune veau, il fut donné à une vieille femme par un homme qu'elle avait hébergé et qui lui devait de l'argent. La vieille femme se prit très vite d'affection pour le petit veau noir ; elle le nourrissait de riz et de gruau et en fit son animal de compagnie. Le veau s'appelait Noiraud et pour tous il était « le Noiraud de la vieille femme ». Il vagabondait çà et là, à son gré, et s'attirait l'amitié des enfants du village, qui grimpaient sur son dos et s'agrippaient à ses cornes et à sa queue. Noiraud était de si bonne nature qu'il ne leur faisait jamais de mal. En grandissant, il devint un jeune taureau fort et magnifique dont la robe noire brillait comme les ailes des corbeaux. Un jour une pensée s'insinua dans son esprit : « Ma mère, (il pensait à la vieille femme en ces termes) semble très pauvre. Elle a toujours été bonne envers moi et m'a traité comme un fils. Et si je travaillais pour lui amener un peu d'argent ? » Alors Noiraud se mit à chercher du travail. Un soir, la vieille femme était assise chez elle, seule, lorsque Noiraud entra. Il semblait épuisé et portait un sac autour du cou. Dans le sac, la vieille femme trouva mille pièces de monnaie. Elle interrogea à la ronde et apprit ce qui s'était passé. Une caravane de cinq cents chars à bœufs avait cherché à traverser un gué mais, la boue étant trop épaisse, les animaux n'étaient pas parvenus à tirer leur cargaison. Le propriétaire de la caravane s'était alors mis à la recherche d'un bœuf vigoureux et avait remarqué Noiraud, qui broutait près du cours d'eau. Il avait demandé à un gardien de troupeau qui était le propriétaire du jeune taureau. Il était prêt, avait-il dit, à payer un bon prix pour que ses chars puissent traverser le gué : deux pièces par char, soit mille pièces pour la caravane. Entendant cela, Noiraud s'était laissé attraper et atteler à l'un des chars. Il avait fait un effort colossal et, déployant toutes ses forces, il avait tiré le char de l'autre côté du gué. Il avait ensuite été attelé au deuxième char, puis au troisième, et ainsi de suite jusqu'à ce que les cinq cents chars eussent traversé le gué sans encombre.

Quand la vieille femme apprit ce que Noiraud avait fait, elle lui témoigna son affection et lui donna à boire et à manger. Ensuite, elle le lava dans de l'eau chaude et le frictionna à l'aide d'une huile. Et Noiraud vécut heureux aux côtés de la vieille femme. Il mourut en paix et ses actes déterminèrent sa vie future. L'histoire de Noiraud s'achève sur ces vers :

> Quand le char est trop lourd,
> Et l'ornière trop profonde,
> Attelez seulement Noiraud,
> Et il tirera le chariot !

Une autre fois, le Bodisat se réincarna en éléphant dans le pays de l'Himalaya. C'était un animal magnifique, tout blanc, qui dirigeait un troupeau de huit mille bêtes. Sa mère était aveugle ; alors, en fils consciencieux, il partait lui chercher les fruits les plus sucrés aussi loin qu'ils étaient et les lui faisait porter par quelque autre éléphant. Après un certain temps, il découvrit que sa mère ne recevait aucun des fruits qu'il cueillait pour elle car les éléphants voraces se contentaient de les manger. Il décida alors de quitter le troupeau et d'emmener sa mère dans un lieu tranquille où il pourrait s'occuper d'elle. Au milieu de la nuit, ils s'esquivèrent et cheminèrent jusqu'à une grotte dans les montagnes, près d'un lac splendide. Là, l'éléphant prit soin de sa mère et lui apporta tout ce qu'elle voulait.

Un jour, alors qu'il était parti chercher de la nourriture, l'éléphant blanc entendit un cri de lamentation. Il s'approcha et découvrit un forestier qui semblait en détresse. Interrogé sur son sort, l'homme expliqua qu'il s'était perdu et qu'il avait erré pendant sept jours, incapable de retrouver de son chemin. « N'ayez pas peur de moi, lui dit l'éléphant, je vais vous accompagner jusqu'à la route des hommes. » Il laissa l'homme grimper sur son dos et l'emmena hors de la jungle. Le forestier, ayant retrouvé son chemin, regagna Bénarès, où il habitait.

À cette époque, l'éléphant du roi mourut. Aucune autre bête ne semblait digne de transporter le roi au cours de ses processions royales. Alors un crieur public fut envoyé dans la ville et, battant le tambour, il lança : « Si un homme connaît un éléphant digne de transporter le roi, qu'il vienne au palais pour le dire. » Entendant cela, le forestier, ingrat, se souvint de l'éléphant blanc qui lui avait sauvé la vie et l'avait fait sortir de la jungle. Il alla au palais et se tint devant le roi. « Ô roi, dit-il, loin dans la montagne de l'Himalaya se trouve un éléphant magnifique, blanc comme neige, capable de transporter votre Majesté ». Le roi envoya alors ses dompteurs d'éléphants en mission dans les montagnes et le forestier leur montra le chemin qui menait à la grotte. Ils trouvèrent l'éléphant blanc en train de se nourrir dans le lac, parmi les nénuphars. Et l'animal, comprenant que ces hommes étaient là pour le capturer, se dit : « Même si ma force est telle que je pourrais disperser un millier d'éléphants, je ne dois pas céder à la colère, quand bien même je devrais être lacéré à coups de couteaux.» Alors il se tint tranquille et laissa les hommes le capturer et l'emmener à Bénarès, qui se trouvait à sept jours de voyage.

Le roi était ravi de ce magnifique éléphant blanc. Il le fit installer dans une étable décorée de rideaux aux couleurs vives et de guirlandes de fleurs. Mais l'éléphant refusait de s'alimenter car il pensait à sa pauvre mère aveugle, restée loin dans les montagnes. Le roi demanda à l'éléphant pourquoi il ne mangeait pas. «Ô roi, répondit l'animal, ma mère, aveugle et malheureuse, se languit de son fils. Elle est loin dans les montagnes, à trébucher sur quelque racine.» Le roi fut touché par la tendresse que l'éléphant éprouvait pour sa mère. «Libérez le grand éléphant, dit-il, laissez-le retourner dans son antre et retrouver sa mère qui se languit de lui.» Et c'est ainsi que l'éléphant put rentrer chez lui dans les montagnes et que sa mère put se réjouir une fois de plus d'avoir retrouvé son fils.

Un autre récit nous apprend que le Bodisat vint un jour au monde dans une riche famille brahmane. À la mort de ses parents, il hérita d'une grande fortune mais il en fit don aux pauvres et s'en alla mener une vie d'ermite dans les montagnes de l'Himalaya. À l'époque, Brahmadatta régnait sur Bénarès. Une nuit, le roi, qui dormait dans sa couche royale, fut dérangé par des bruits étranges. Il entendit d'abord une grue glapir dans les jardins du palais. Ensuite, une corneille solitaire croassa près de la porte de l'abri de l'éléphant. Peu après, le roi fut dérangé par le bourdonnement d'un grand insecte puis par le chant d'un coucou. Un cerf apprivoisé et un singe qui vivaient dans le palais poussèrent également des cris terrifiés. Ces bruits étranges au cœur de la nuit avaient beaucoup inquiété le roi et le lendemain il consulta les sages, leur demandant s'ils pouvaient expliquer ce tapage. «Ô roi, dirent-ils, vous courez un grand danger. Il serait bon de faire un sacrifice pour apaiser la colère des dieux.» Les prêtres rassemblèrent alors de nombreux animaux et se préparèrent pour un grand sacrifice.

Il se trouva que le Bodisat avait quitté l'Himalaya et résidait dans un jardin de Bénarès. Un élève qui écoutait l'enseignement des sages fut pris de pitié pour les animaux qui allaient être massacrés et alla voir le Bodisat pour lui demander s'il pouvait expliquer les bruits qui avaient inquiété le roi. «Ces bruits sont tout à fait naturels, répondit le

Bodisat, il n'y a rien à craindre. » L'élève le supplia de l'accompagner au palais et de répéter cette explication au roi, mais le Bodisat répondit : « Comment puis-je, moi qui suis ici étranger, prétendre que ma sagesse est plus grande que celle de ces prêtres ? » Mais l'élève répéta au roi ce que l'ermite avait dit et Brahmadatta se rendit en personne dans le jardin pour interroger le Bodisat.

« Ô roi ! dit le Bodisat, ces bruits que vous avez entendus n'étaient pas inhabituels. Ils étaient au contraire tout à fait naturels et n'auguraient aucun danger vous concernant, votre Majesté. La grue a glapi parce qu'elle avait faim : les réservoirs étaient vides et elle ne pouvait trouver de nourriture. La corneille avait pour sa part fait son nid sur la porte de l'abri de l'éléphant ; elle y avait pondu ses œufs et sa couvée y avait éclos. Mais chaque fois que le gardien de l'éléphant franchissait la porte de l'abri, il frappait le nid à l'aide de son crochet de fer et a tué les oisillons. La corneille pleurait donc ses petits. » Quand le roi entendit cela, il fit congédier le cornac.

« Le coucou en cage, poursuivit le Bodisat, se languissait de sa vie dans la forêt. Je vous en supplie, grand roi, libérez-le ! » Et le roi libéra le coucou.

« Le cerf, continua le Bodisat, a un jour été le roi de sa harde. Il rêvait du temps où il se promenait dans les plaines, suivi de nombreuses biches. » Ces explications de l'ermite montrèrent clairement que tous ces bruits étranges étaient naturels et le roi fut convaincu qu'il n'avait pas à craindre pour sa vie. Brahmadatta, certain de la vérité des mots du Bodisat, fit proclamer, tambour battant, qu'il n'y aurait pas de sacrifice. Il ordonna la libération de tous les animaux qui avaient été rassemblés pour le massacre.

Ainsi le Bodisat avait diffusé son amour de toutes les créatures et avait convaincu les hommes de faire preuve de compassion et de clémence. Des vieilles histoires comme celle-ci, il y en a pléthore, et vous les lirez peut-être un jour pour vous distraire. Elles racontent que de toutes les vertus, l'abnégation est la plus haute ; celui qui ne pense plus à lui-même atteint la fin de ses errances, le bout de la rivière tourmentée qu'est la vie. Il pénètre alors dans un océan calme où ne souffle aucun vent, l'océan de la paix éternelle

Chapitre XII
La Fraternité de Tous les Êtres

L E MESSAGE DU Bouddha, comme celui du Christ, s'adressait à toute l'humanité, sans exception. Nul n'était exclu et les membres de toutes les castes hindoues étaient accueillis dans l'Ordre. Ainsi nous lisons tantôt qu'une reine, l'épouse de Bimbisara, devint nonne, tantôt qu'une danseuse de corde troqua ses vêtements bigarrés et ses clochettes mélodieuses pour la robe jaune de la Communauté des moniales. Du côté des moines, d'aucuns avaient été princes, et il y avait aussi un homme renommé pour sa piété et son érudition qui avait été le barbier du roi à Kapilavatthu.

Pour les brahmanes, les hommes nés dans la caste brahmane sont supérieurs aux autres. Mais pour le Bouddha, ce n'est pas de la naissance qu'un homme tire son mérite mais bien des efforts qu'il déploie. En fait, le mot Brahmane, ou Brahmana, était employé par le Bouddha pour parler d'un homme qui empruntait les hauts sentiers de la vertu et de la sagesse. «Un homme ne devient pas un Brahmane par sa naissance, sa famille ou ses cheveux tressés, dit le Bouddha, est un Brahmane celui chez qui coulent la vérité et la justice, celui qui est bienheureux. Celui que j'appelle un Brahmane possède de vastes connaissances et une grande sagesse, sait ce qu'est le bien et ce qu'est le mal et a atteint le but ultime.»

Une histoire parle d'un jeune et fier brahmane qui avait rendu visite au Bouddha; elle prodigue une leçon de courtoisie et de bonnes manières. Le bienheureux se trouvait alors dans une forêt près de Savatthi. Un jour, alors que quelques disciples allaient et venaient dans un parc à l'orée du bois, un brahmane jeune et érudit se présenta et dit qu'il venait voir l'Enseignant dont il avait tant entendu parler. «Où puis-je trouver le vénérable Gautama?» demanda-t-il. «Là se trouve sa demeure, répondit l'un des disciples, entre silencieusement par le porche, tousse discrètement et frappe sur la barre transversale; le Bienheureux ouvrira la porte.» Le jeune brahmane fit ce qu'on lui avait dit et fut admis dans la demeure du Bouddha. À l'époque, la coutume voulait que l'on témoigne du respect à l'égard des anciens en se tenant debout lorsqu'ils se tenaient de bout, en s'asseyant quand ils s'asseyaient et en s'allongeant s'ils s'allongeaient. Mais le jeune brahmane, faisant fi de toutes les règles de politesse, se comporta avec arrogance en présence du Bouddha et se vanta de la grande lignée dont il descendait.

« Est-ce ainsi que tu t'adresses à tes aînés ? lui demanda le Bouddha, désapprobateur.

— Absolument pas, répondit le jeune homme, je sais comment me comporter lorsque je discute avec un brahmane mais quand je parle à des mendiants, des moines inférieurs ou des hommes noirs, je m'adresse à eux comme je m'adresse à toi.

— Mais ne viens-tu pas pour demander quelque chose ? l'interrogea le Bouddha, pense donc à l'objet de ta visite. Ce jeune brahmane est mal élevé mais ce n'est pas tant sa faute que celle de son professeur qui aurait dû lui inculquer les bonnes manières.» ajouta-t-il.«

Le jeune brahmane n'appréciait pas qu'on le juge impoli et il laissa libre cours à sa colère, traitant les Sakyas de peuple grossier et susceptible. «Il y a quatre catégories d'hommes, poursuivit-il, les brahmanes, les nobles, les marchands et les travailleurs ; ces trois dernières classes sont là pour servir les brahmanes.»

Le Bouddha réprimanda le jeune homme pour sa fierté en lui prouvant que les Sakyas pouvaient se vanter de leur lignée autant que lui. «Mais ceux qui marchent sur le sentier le plus élevé de la sagesse et de la justice, ajouta le Bouddha, ne s'intéressent pas aux questions de naissance ou à la fierté qui consiste à comparer la position d'un homme à celle d'un autre.» Et tandis que le Bouddha discourait sur la beauté de la vie parfaite, le jeune brahmane, qui avait fait preuve d'une telle arrogance et d'une telle suffisance, admit que l'Enseignant était bien un Bouddha, l'un de ces grands hommes comme on n'en voit que rarement et qui viennent apporter le salut à l'humanité.

C'était merveilleux de voir qu'autant d'hommes choisissaient de suivre le Bouddha sur le rude sentier du devoir et de l'abnégation alors que si peu de choses étaient dites au sujet des récompenses futures et alors qu'aucun miracle n'était accompli pour convaincre ceux qui doutaient. D'ailleurs, quand le Bouddha apprit que l'un de ses disciples avait provoqué un miracle, il interdit expressément l'utilisation de pouvoirs surnaturels car ce n'était pas ainsi que la Doctrine devait être prêchée. Mais malgré l'absence de miracles dans l'enseignement du Bouddha, le halo de gloire presque céleste dont les fidèles entouraient les faits et gestes de leur Maître bien-aimé n'était pas vraiment naturel. Et c'est ainsi qu'un grand nombre de superbes légendes apparurent au fil du temps et s'intégrèrent dans la croyance. L'une de ces histoires décrit l'ascension du Bouddha vers le ciel, pour prêcher la Doctrine à sa mère, décédée sept jours après sa naissance. Pendant trois mois, les disciples ne purent trouver leur Maître. Ils le cherchèrent partout, mais personne ne put leur dire où il était parti. Et la légende raconte que Gautama s'éleva vers la demeure des esprits bienheureux pour dire à sa mère, qui avait quitté cette terre avant qu'il n'entame sa quête, qu'il avait trouvé la Vérité. Les bouddhistes se représentent le ciel comme un lieu où les vertueux renaissent et vivent une période de béatitude. Mais cette période se termine car les gloires du ciel, tout comme celles de la terre, finissent pas s'estomper et disparaître. Et rien, sinon la Paix du Nirvana, n'est éternel. Les disciples, usant de toute la beauté et de toute la vivacité de l'imagination orientale, se représentèrent leur Maître dans la demeure des esprits bienheureux. Assis sur un trône étincelant au milieu d'une forêt céleste, le Bouddha enseigna à sa mère les Vérités éternelles de la Doctrine tandis que des milliers d'anges et d'esprits l'écoutaient et se réjouissaient d'apprendre le message du salut. Quand le Bouddha redescendit sur terre, il emprunta un escalier orné de pierres précieuses de toutes les couleurs, qui scintillaient comme l'arc-en-ciel.

Les disciples se réjouirent d'être à nouveau aux côtés de leur Maître et ils l'accompagnèrent à Savatthi. Là, le Bouddha poursuivit son enseignement dans le jardin de Jeta et fit pléthore de nouveaux convertis. Un jour, Gautama errait parmi les terres cultivées autour de Rajgir ; c'était la moisson. Tous les villageois s'activaient dans leurs champs, ramassant les récoltes ; personne ne flânait et même les femmes sortaient pour aider

Gautama et le chef des voleurs
(Sidney Stanley)

leur mari. Près du village où s'était installé le Bouddha se trouvait une grande ferme qui appartenait à un riche brahmane. Un matin, à l'aube, le Bouddha prit sa sébile et se rendit là où les paysans recevaient leur nourriture. Le fermier, voyant le moine avec son bol, eut l'air contrarié. Il s'adressa rudement au Bouddha: «J'ai labouré mes champs, dit-il, planté des semences et récolté du grain. C'est en travaillant dur que j'ai gagné mon pain. Mais toi, Ô Gautama, tu n'as ni labouré ni planté; tu n'as pas travaillé pour gagner ton pain.

— Moi aussi j'ai labouré et planté, Ô brahmane, répondit le Bouddha, et ainsi j'ai moi aussi gagné mon pain.

— Si cela est vrai, dit le brahmane, alors où est ta charrue? Où sont tes bœufs et leur attelage?» Et le Bouddha répondit par cette parabole: «Les semences que je plante sont celles de la Foi; la pluie qui les arrose est le Repentir; la Sagesse est ma charrue et mon attelage; le bœuf qui tire la charrue est l'Assiduité; avec la Vérité j'arrache les mauvaises herbes que sont le péché et l'ignorance; ma récolte, c'est le Fruit de l'Immortalité.»

Quand le Bouddha rentra chez lui pour la première fois après son éveil, Rahula, son fils, qui était alors un jeune enfant, fut admis dans la Communauté des moines pour suivre leur enseignement. On sait peu de choses à son sujet jusqu'à ses vingt ans, lorsqu'il fut ordonné moine au monastère de Jeta. À cette occasion, le Bouddha s'adressa à son fils au cours d'un discours devenu célèbre, que l'on connaît comme «le sermon de Rahula».

La vie du Bouddha fut une vie de dur labeur et d'adversité. Aussi, quand il atteint l'âge de cinquante ans et que sa force commença à faiblir, ses disciples voulurent que l'un des leurs l'accompagnât en permanence. C'est Ananda, le cousin de Gautama, qui fut désigné. Bien avant cela, quand Ananda n'était qu'un jeune garçon, un sage avait prophétisé qu'il deviendrait le serviteur du Bouddha. Le père d'Ananda ne souhaitait pas que son fils devienne moine et avait fait tout ce qu'il pouvait pour que les deux cousins ne se rencontrent pas mais, comme vous le savez, ses efforts furent vains: Ananda se convertit et rejoignit l'Ordre. À partir de là, il devint l'ami intime du Bouddha puis son serviteur particulier. Il s'occupa de lui avec la plus grande tendresse et ne le quitta plus jusqu'à l'heure de sa mort. C'était à Ananda de porter la sébile du Bouddha, d'étendre sa natte à l'ombre d'un arbre quand il était fatigué et souhaitait se reposer, de lui apporter de l'eau quand il avait soif. Le Bouddha aimait tendrement Ananda, qui était d'une nature douce et aimante, et de nombreuses conversations entre les deux hommes ont été conservées. Ananda n'était ni aussi grand, ni aussi intelligent que d'autres disciples du Bouddha, mais il était le plus remarquable par ses qualités humaines. Sa dévotion était sans limite et plus d'une fois il se tint aux côtés du Bouddha dans des moments de danger, quand tous les autres disciples l'avaient abandonné.

Quel émerveillement suscite la dévotion que le Bouddha inspirait dans les cœurs de ceux qui le connaissaient! Car son amour et sa compassion étaient destinés à toute l'humanité, à chaque être vivant. Il y a ainsi de nombreux exemples de sa gentillesse envers les animaux. En Occident, nous avons tendance à nous féliciter de la manière dont nos sociétés protègent les animaux de la cruauté des hommes et nous considérons notre humanité comme le fruit d'une civilisation supérieure. Mais ce fut il y a plus de 2400 ans que le Bouddha dit : «Que celui qui n'éprouve pas de compassion pour les êtres vivants soit traité comme un paria.» Le Bouddha exhorta ses fidèles à se montrer bons à l'égard de toutes les créatures, «celles qui sont fortes comme celles qui tremblent dans ce monde», c'est-à-dire les être faibles et sans défense. Aucune créature, pas même le ver de terre qui gît sur le bas côté, n'était indigne de l'amour et de la tendresse du Bouddha. Tous les êtres, humains ou animaux, appartiennent à une même fraternité. Tel est l'enseignement du Bouddha. Qui dans ce monde prêcha plus grande charité ?

Un jour, alors qu'il voyageait dans les terres du Magadha, Gautama vit un cerf qui se débattait dans un piège. Il libéra le pauvre animal des filets qui l'entravaient et le laissa partir. Ensuite il s'assit au pied d'un arbre et se plongea si profondément dans ses pensées qu'il ne remarqua pas qu'un homme s'approchait de lui à pas de loup, arc à la main. C'était un chasseur enragé, déterminé à se venger de l'homme qui l'avait privé de sa proie. Il avança vers Gautama avec l'intention de le tuer, le visa, voulut bander son arc mais une force l'en empêcha. Sa détermination s'évanouit brusquement ; il posa son arc au sol et alla rejoindre l'endroit où le Bouddha était assis.

Rares étaient ceux qui ne ressentaient pas l'influence du Grand Enseignant et de sa noble nature quand ils étaient en sa présence. Il fallut peu de temps au chasseur pour sentir sa colère s'apaiser. Il écouta patiemment les mots du Bouddha puis il se leva pour aller chercher sa femme et ses enfants afin qu'eux aussi puissent entendre les mots du sage. Finalement, le chasseur et tous les membres de sa famille furent convertis et affirmèrent qu'ils croyaient en la doctrine du Bouddha.

Les brahmanes, prêtres hindous, offraient souvent des sacrifices aux dieux afin de les apaiser ; ils pensaient que la seule manière de le faire était de verser du sang. L'un de ces brahmanes avait préparé un grand sacrifice en l'honneur de l'un des anciens dieux des hindous. Des troupeaux entiers de moutons et de chèvres avaient été rassemblés ; l'on attendait le jour du sacrifice pour les massacrer. Il advint que le Bouddha rencontra ce brahmane et qu'ils se mirent à discuter de nombreuses choses. Le Bouddha parlait du caractère sacré de la vie, humaine ou animale, de la pureté du cœur et de la droiture, qui sont d'une plus grande valeur qu'un sacrifice exigeant de faire couler du sang. Car un homme ne peut se libérer de ses péchés en faisant souffrir des créatures innocentes ; seuls ses efforts pour faire le bien peuvent l'aider. Les mots du Bouddha pénétraient dans les profondeurs de l'âme du brahmane ; il se convainquit de leur vérité et déclara qu'il croyait en cette doctrine. Déterminé à épargner la vie de tous ces animaux qui avaient été rassemblés pour le jour du sacrifice, le brahmane ordonna qu'ils fussent libérés. Ainsi, au lieu d'être massacrés, ils furent relâchés sur la colline, où ils purent vagabonder à leur gré, choisissant leurs pâtures, buvant l'eau claire des ruisseaux des montagnes, respirant l'air frais qui souffle sur les hauteurs.

Le Bouddha enseignait donc à ses disciples la bonté et la gentillesse à l'égard de toutes les créatures. Mais il leur apprenait aussi à aimer leurs ennemis et à les pardonner, à « dépasser la colère en n'étant pas en colère ; dépasser le mal par la bonté ; dépasser l'avarice par la générosité ; dépasser les mensonges par la vérité ».

L'homme capable de réfréner sa colère comme on dompte un cheval impétueux, le Bouddha le comparait à un «cocher accompli», les autres étant «la foule populaire qui se contente de tenir les rênes». Certains se targuent de leur tempérament brusque et s'imaginent qu'en manifestant leur colère, ils font preuve de force de caractère. Mais le Bouddha considérait que perdre le contrôle de soi, c'était afficher une faiblesse avilissante. «Il n'y a rien de mieux que de dominer sa colère,- dit-il, l'idiot qui est en colère et pense triompher en proférant des insultes plie toujours l'échine face à celui dont le discours est patient.» Nous allons voir comment Gautama l'emporta sur un voleur notoire, en opposant à la fureur de ce dernier des mots empreints de bonté.

Alors qu'il voyageait dans le Kosala, le Bouddha fut mis en garde contre une certaine forêt qu'il ne fallait pas traverser car au plus profond de la jungle se trouvait le repaire d'un bandit notoire. Cet homme s'appelait Angulimala et terrorisait toute la région en pillant les voyageurs imprudents. Il avait en outre perpétré de nombreux meurtres. Il ne craignait personne et les cris de ses victimes avaient résonné jusque dans les couloirs du palais royal. Toutes les tentatives pour capturer cet homme prêt à tout avaient échoué : il était impossible de suivre sa trace dans les denses forêts où il se retirait. Il continuait donc à commettre des crimes en toute impunité.

Les habitants du Kosala avaient dès lors imploré le Bouddha de ne pas s'exposer aux dangers qui régnaient sur le territoire du brigand. Mais Gautama n'avait peur de rien ; aucun homme ni aucune bête ne pouvait l'effrayer. Alors, sans se soucier des avertissements, il entra dans la forêt et alla directement vers le repaire du voleur. Angulimala, furieux de cette hardiesse, décida de massacrer l'intrus. Mais quand il vit le Bouddha, calme et maître de lui, et qu'il entendit ses mots remplis de gentillesse, le brigand vacilla. Son bras levé, prêt à tuer, resta immobile, impuissant ; sa colère refroidit comme les braises d'un feu mourant. Au fur et à mesure que le Bouddha discutait avec lui, la raison d'être du bandit changeait et, bientôt, cet homme confessa tous ses péchés et déclara sa foi dans la Doctrine. Quand les gens virent le nouveau disciple suivre son Maître, ils furent ébahis et purent difficilement admettre que cet homme avait été le brigand qui avait terrorisé leur région pendant de si nombreuses années. Angulimala devint moine et fut reconnu pour sa sainteté. Il mourut peu de temps après sa conversion.

Si de nombreuses personnes étaient séduites par la gentillesse et les mots de sagesse du Bouddha, certains, y compris des parents de Gautama, s'opposaient farouchement à lui. Ainsi, le père de Yasodhara ne lui avait jamais pardonné d'avoir abandonné son épouse. Il ne pouvait supporter de songer à sa fille, qui aurait un jour dû être reine, menait désormais une vie de pauvreté, vêtue de l'habit jaune des nonnes. Et un jour, alors que le Bouddha était en visite dans sa ville natale, le vieux rajah alla à sa rencontre et le maudit en public.

Mais le pire ennemi du Bouddha était Devadatta. Enfant, celui-ci avait nourri des sentiments d'envie et d'aversion à l'égard de son cousin Siddhartha. Vous vous souvenez peut-être de la querelle qui les opposa lorsque Siddharta sauva la vie d'une oie blessée. Au fil du temps, l'aversion de Devadatta à l'égard de son cousin grandit et devint de la haine ; pour ce jeune homme ambitieux, il était insupportable qu'un autre le surpasse. Il ne manquait jamais une occasion de nuire à Gautama. Il chercha même à ébranler la loyauté d'Ananda envers son Maître, mais en vain. Quoique converti au bouddhisme et membre de l'Ordre, Devadatta faisait tout ce qu'il pouvait pour semer la zizanie parmi les fidèles et, dans une certaine mesure, il y parvenait, car cinq cents moines avaient quitté Gautama pour le rejoindre.

Comme il s'entendait bien avec le fils du roi Bimbisara, Devadatta s'installa, avec ses disciples, à Rajgir. Il pratiquait la magie et, à force de parler des miracles et des choses merveilleuses qu'il pouvait faire, il finit par exercer une grande influence sur le jeune prince. Il parvint à le persuader de lui faire construire un monastère et de fournir de la nourriture à ses moines. Chaque jour, le prince faisait porter à ces moines infidèles des chars transportant cinq cents bols de mets raffinés. Pendant tout ce temps, Devadatta complotait en secret contre le Bouddha, cherchant un moyen de le supplanter et de devenir le chef de la Communauté. « Gautama se fait vieux, se disait-il, il se fatigue à force de prêcher et de gérer les affaires de l'Ordre. Pourquoi ne me confierait-il pas la direction de la communauté ? Il pourrait ainsi cesser son travail, se reposer et vivre confortablement. » Finalement, alors qu'il affirmait encore qu'il était fidèle au Bouddha, Devadatta demanda la permission de créer un nouvel ordre de moines. Comme il n'y fut pas autorisé, il résolut d'abandonner le bouddhisme et de fonder sa propre religion. Cependant, il ne vécut pas assez longtemps pour mettre son projet à exécution. Une légende raconte que la terre s'ouvrit et engloutit Devadatta pour le punir de sa malice. Dans le chapitre suivant, nous verrons ce qui résulta de son amitié avec Ajatasattu, le fils du roi Bimbisara.

Chapitre XIII
La Nuit du Nénuphar Blanc

BIMBISARA, ROI DE Magadha, fut l'un des premiers convertis au bouddhisme et, jusqu'à la fin de sa vie, il aima et honora le Bouddha. Ce roi avait un fils dont le nom, Ajatasattu, signifie « l'Ennemi ». Pourquoi un tel nom fut-il donné au fils du roi ? Je vais vous l'expliquer.

Au nord du Gange, non loin de ce qui est aujourd'hui la ville de Patna, se trouvait alors la célèbre ville de Vaisali. Cette cité était si belle, avec ses superbes temples et ses palais, ses jardins et ses bosquets ombragés, qu'elle ressemblait à un paradis terrestre. Ses toits d'or et d'argent étincelaient au soleil et, souvent, les rues étaient joyeusement décorées pour célébrer l'un des nombreux festivals qui avaient lieu dans son enceinte. Vaisali comptait trois quartiers ; dans le premier se trouvaient sept mille maisons dotées de tours d'or, dans le second, quatorze mille maisons dotées de tours d'argent, et dans le troisième, vingt-et-un mille maisons dotées de tours de cuivre. Ces quartiers étaient respectivement habités par la classe supérieure, la classe moyenne et la classe inférieure, car les gens vivaient selon leur rang. Vaisali n'était pas dirigée par un roi : c'était une cité libre. Comme quelques petits États indiens de l'époque, c'était une sorte de république où le plus haut magistrat était élu par le peuple.

L'un de ces magistrats avait deux filles. Un sage, appelé pour prédire leur avenir, fit la prophétie suivante : la cadette aurait un fils courageux et vertueux tandis que l'aînée, prénommée Vasavi, donnerait naissance à un fils qui tuerait son père et prendrait sa place. Vasavi grandit et devint une jeune fille aussi aimable que belle. Il advint alors que Bimbisara, le roi de Magadha, se rendit à Vaisali et, voyant la ravissante Vasavi, tomba amoureux d'elle et l'épousa. La jeune fille eut ensuite un fils et, en souvenir de la prophétie, il fut nommé Ajatasattu, « l'Ennemi ».

En grandissant, le prince montra d'un tempérament capricieux et désagréable. Il était peu judicieux dans le choix de ses amis et, comme vous le savez, il tomba sous l'influence de Devadatta. Le roi s'inquiétait beaucoup de la relation étroite qui unissait son fils à un homme aussi mauvais, qui était l'ennemi du Bouddha. Mais Ajatasattu refusait d'écouter les avertissements de son père.

Devadatta insinua des pensées immorales dans l'esprit du jeune prince, qui devint ambitieux et se mit à rêver de posséder le royaume de son père. Il attenta même un jour à sa vie. Bimbisara était de nature extrêmement généreuse et non seulement il pardonna son fils, mais il lui céda en outre une partie de son royaume, se disant que le caractère du prince s'améliorerait peut-être s'il avait davantage de responsabilités et s'intéressait au bien-être de son peuple. Mais Ajatasattu pilla et tyrannisa ses sujets, qui allèrent se plaindre auprès du roi. Bimbisara était profondément peiné par la conduite de son fils mais il se dit qu'Ajatasattu s'assagirait peut-être s'il avait un domaine plus grand et davantage de devoirs à honorer ; il lui donna alors tout son royaume, à l'exception de la capitale, Rajgir. Malgré cela, Ajatasattu n'était pas satisfait et, sur les conseils de Devadatta, il exigea que son père renonce à sa capitale et à ses trésors. Le vieux roi, déchiré par le chagrin, lui donna tout ce qu'il possédait. Il lui conseilla tout de même de se méfier de l'influence de Devadatta et l'implora d'éviter ce compagnon malfaisant. Entendant cela, Ajatasattu fut pris d'une colère noire et fit jeter le roi en prison, où il le laissa mourir de faim. Il est bien triste d'imaginer Bimbisara, roi sage, père aimant et tendre, enfermé ainsi dans sa propre ville. Personne n'avait le droit de lui rendre visite à l'exception de la reine. Elle allait chaque jour voir son mari et lui apportait de la nourriture. Mais quand Ajatasattu l'apprit, il interdit à Vasavi d'amener quoi que ce soit dans la prison. Quoiqu'elle eût été menacée de mort en cas de désobéissance, la reine se débrouilla pour porter de l'eau au roi, en la dissimulant dans les anneaux creux qu'elle portait aux chevilles. Elle lui apportait aussi des poudres alimentaires qu'elle cachait dans ses vêtements. Grâce à ces stratagèmes, elle parvint à maintenir le roi en vie pour quelque temps. Mais au bout d'un moment, les manœuvres de la reine furent découvertes et Vasavi n'eut plus le droit de rendre visite au roi.

L'un des murs de la prison était percé d'une petite fenêtre qui donnait sur le Mont des Vautours, où le Bouddha séjournait régulièrement avec ses disciples. Aussi, lorsque le roi regardait par l'étroite fente, il voyait parfois son Enseignant bien-aimé. La vue du Bienheureux remplissait le roi d'une joie si grande que cela l'aidait à rester en vie. Mais le malheureux prisonnier fut vite privé de cette ultime consolation car, quand Ajatasattu eut vent de l'existence de cette fenêtre, il la fit condamner.

Il arriva un jour que le jeune fils d'Ajatasattu eut une douleur au doigt. Il alla voir son père en pleurant et celui-ci le prit dans ses bras et l'embrassa. En voyant la scène, la reine Vasavi se mit à pleurer car elle se souvint de l'époque où son propre fils n'était encore qu'un enfant innocent. « Ah, cela, ton père le fit aussi avec toi ! » s'exclama-t-elle. Et elle raconta au prince comment son père l'avait embrassé et dorloté dans une situation similaire. Ajatasattu fut touché par les mots de la reine et se rendit soudain compte de la cruauté de son comportement. Pris de remords, il donna l'ordre de libérer son père. Mais il était trop tard, le roi était mort. Et ainsi s'accomplit la prophétie qui voulait que le fils de Vasavi tue son père et lui vole son royaume.

Ajatasattu fut donc couronné roi de Magadha et vécut dans son splendide palais, à Rajgir. Malgré les remords qui l'avaient assailli lorsqu'il s'était rendu compte de sa conduite envers son père, il entretenait son amitié pour Devadatta et écoutait souvent ses conseils. Le moine infidèle conspirait régulièrement contre le Bouddha et, à plusieurs reprises, il tenta de l'assassiner lorsqu'il se trouvait à Rajgir. Ainsi, un jour, Devadatta demanda à un homme du sud de l'Inde qui était doué pour les arts mécaniques de lui construire une sorte de catapulte qui pourrait projeter de gros rochers. Cette machine fut créée et installée au-dessus de la demeure de Gautama. Des hommes furent engagés pour la manier et on leur promit une forte récompense s'ils parvenaient à éliminer le Bouddha. Les hommes se préparèrent donc à agir, attendant une bonne occasion. Mais le moment venu, ces tueurs à gage refusèrent d'actionner la catapulte. En proie au remords, ils allèrent trouver le Bouddha et, agenouillés à ses pieds, ils lui confessèrent leurs intentions malveillantes. Peu de temps après, ils furent convertis.

Le Bouddha et l'éléphant sauvage
(Gilbert James)

Lorsqu'il apprit ce qui s'était passé, Devadatta résolut de commettre le crime lui-même. Il lança une grosse pierre, qui atterrit sur le pied du Bouddha et le blessa grièvement. Les disciples, atterrés par la blessure de leur Maître et redoutant qu'il ne se vide de son sang, coururent chercher le docteur Jivaka, qui était le demi-frère du roi Ajatasattu. Jivaka appliqua une pommade très rare à base de bois de santal sur le pied du Bouddha mais il fallut beaucoup de temps pour que la blessure guérisse.

Devadatta, toujours déterminé à atteindre son vil objectif, ourdit un nouveau plan pour tuer Gautama. Dans les étables du roi vivait un éléphant très féroce. Cette bête sauvage avait attaqué et blessé tant de gens qu'une demande avait été portée au roi afin que l'éléphant porte une cloche qui alerterait la population lorsqu'il était emmené dans les rues. Le roi avait accepté et, quand les gens entendaient la cloche, ils se mettaient vite à l'abri. Un jour, Devadatta, qui savait que le Bouddha avait été invité dans la maison d'un marchand de Rajgir, s'en fut trouver le gardien de l'éléphant et lui promit de lui donner un collier d'une valeur de cent mille pièces de monnaie s'il lâchait l'éléphant à quelques pas du Bouddha. Devadatta affirma qu'il avait l'autorisation du roi pour mener ce sinistre complot et le cornac accepta donc sa demande. Le Bouddha, pourtant alerté du danger qui pesait sur lui, allait sans crainte dans la ville. Il marchait dans la rue, accompagné de ses nombreux disciples, lorsqu'il entendit la cloche de l'éléphant. Celui-ci fut alors lâché et chargea la foule comme une furie, tête la première. Tous les disciples s'enfuirent, terrorisés, à l'exception d'Ananda, qui resta auprès de son Maître. Gautama se mit alors à dire des mots d'apaisement à la bête sauvage, qui s'arrêta net en entendant le son de sa voix. Tout à fait apaisé, il suivit le Bouddha comme un chien suit son maître et l'accompagna jusqu'à la maison du marchand. De nombreuses histoires racontent comment la bonté et la sainteté du Bouddha lui donnaient le pouvoir de maîtriser les bêtes les plus sauvages. Le domptage de l'éléphant est par ailleurs une scène gravée sur plusieurs vieux monuments indiens.

Peu de temps après ces événements, de nombreux moines infidèles qui avaient suivi Devadatta se repentirent, confessèrent leurs péchés et retrouvèrent le Bouddha, qui les reçut à nouveau au sein de l'Ordre sans

leur adresser le moindre reproche. Peut-être le roi Ajatasattu commen-
çait-il à se méfier de son ami Devadatta car il rendit alors une visite au
Bouddha, qui séjournait dans une forêt de manguiers qui appartenait
au médecin Jivaka.

C'était la nuit de la pleine lune d'octobre, la nuit sacrée du nénu-
phar blanc. La lune s'était levée, ronde comme le soleil, et flot-
tait dans les cieux comme une boule de feu liquide ; la terre, il-
luminée, semblait parée des joyaux du paradis. Ajatasattu, ému
par la beauté de cette nuit d'octobre, sortit avec tous ses ministres
sur la terrasse du palais, au clair de lune. « Quelle magnifique nuit !
s'exclama le roi, Comme cette nuit au clair de lune est belle et paisible ! Comment pouvons-nous la célébrer ? » « Sire, répondit l'un de
ses ministres, vous avez tout ce qu'un cœur peut désirer. Nous pour-
rions habiller la ville de fleurs et organiser un festival. Votre Majesté
n'aurait qu'à se réjouir et serait comblée. » Un autre suggéra de mener
une attaque contre l'une des tribus voisines afin de célébrer la nuit par
une victoire. Et d'autres encore proposèrent de rendre visite à l'un ou
l'autre des hommes saints qui se trouvaient près de la ville. Mais le roi
restait silencieux. Il finit par se tourner vers Jivaka, le médecin. « Tu n'as
rien dit, Jivaka, » lui dit-il. « Sire, répondit Jivaka, le Bouddha demeure
dans ma forêt de manguiers. Cet homme dépasse tous les autres par
sa bonté et sa sagesse ; c'est un professeur et un guide pour l'humanité.
Que votre Majesté aille le voir et peut-être le Bouddha sèmera-t-il la
paix dans son cœur. »

Peut-être la beauté de cette nuit claire adoucit-elle le cœur du roi
et le rapprocha-t-elle du Bouddha, car il dit : « Va, Jivaka, fais donc
préparer les éléphants ; nous allons rendre visite au Bienheureux. »
Le grand éléphant royal, un puissant pachyderme paré d'or et de pierres
précieuses, fut amené devant le palais. Des serviteurs, torches à la main,
entouraient le roi ; les cinq cents dames de la cour, chevauchant chacune un
éléphant, le précédaient. Dans la lumière argentée de cette nuit orientale,
le cortège royal se mit en marche en direction de la forêt de manguiers
du docteur Jivaka. Quand ils arrivèrent à destination, ils remarquèrent
que pas un bruit ne montait du groupe de disciples rassemblés autour du

Bouddha. Ajatasattu crut alors être tombé dans un guet-apens. Anxieux, il s'adressa à Jivaka : « Serait-ce une trahison ? M'aurais-tu vendu à l'ennemi ? Comment se fait-il qu'une si grande assemblée ne produise pas un son, pas même un toussotement ou un éternuement ? » « N'ayez crainte, Ô roi, répondit Jivaka, je ne vous ai pas trahi ; regardez, une lampe est allumée dans la grande salle. » Alors le roi descendit de son éléphant et pénétra dans le monastère ; parmi la foule de disciples, il ne distingua pas tout de suite le Bouddha et demanda à Jivaka de le lui indiquer. « Le Bienheureux, Ô roi, est adossé à la colonne centrale, le visage tourné vers l'est, assis au milieu de ses disciples comme au milieu d'un lac calme et tranquille. » Et le roi dut alors ressentir le charme de cette scène silencieuse car il s'exclama : « Que mon fils ressente un jour la paix qui règne dans cette assemblée ! »

Et Ajatasattu s'inclina avec respect devant le Bouddha et lui demanda la permission de l'interroger sur plusieurs sujets qui troublaient son esprit. « Ô roi, dit le Bienheureux, posez toutes les questions que vous voudrez. »

« Les hommes, poursuivit le roi, s'engagent dans de nombreuses professions : dompteur d'éléphants, dresseur de chevaux, archer, épéiste, cocher, tisserand, cuisinier, blanchisseur, vannier, barbier, clerc, et j'en passe. Les hommes qui exercent toutes ces professions sont récompensés par l'argent qu'ils en tirent et qui leur permet de mener une vie agréable et de subvenir aux besoins de leur famille et de leurs enfants. Mais y a-t-il dans ce monde une récompense pour l'homme qui devient moine et renonce ainsi à son foyer, à ses proches, à sa fortune, au confort et à tous les plaisirs de la vie ? » Le roi ajouta qu'il avait posé cette question à plusieurs philosophes brahmanes et hindous mais qu'aucun n'avait pu lui fournir de réponse satisfaisante.

« Je vais vous poser une question, dit le Bouddha, Imaginez que l'un de vos serviteurs renonce au monde, se coupe les cheveux, se rase la barbe, porte l'habit jaune, vive dans la solitude et se satisfasse du strict minimum. Comment traiteriez-vous cet homme ? Le forceriez-vous à reprendre ses fonctions ? » « Non, répondit le roi, il serait traité avec respect. Nous nous lèverions en sa présence et l'inviterions à s'asseoir, nous lui ferions préparer un endroit où vivre et lui donnerions de la nourriture, des vêtements, des médicaments et tout ce dont il aurait besoin. »

« Eh bien, dit le Bouddha, ne venez-vous pas ainsi de montrer qu'il y avait, dans ce monde, une récompense pour celui qui mène une vie élevée ? » Le roi acquiesça. « Ce n'est que la première récompense, » expliqua le Bouddha. Et il expliqua alors qu'il y avait des satisfactions plus grandes pour celui qui se débarrasse du fardeau des passions et des liens terrestres. Il est libre comme l'air, celui qui cesse de s'inquiéter de sa richesse et de toutes ces choses qui préoccupent et tourmentent les hommes. Délivré du poids des possessions, il va où bon lui semble, tel un oiseau qui virevolte à son gré, il ne veut rien d'autre qu'un peu de nourriture pour vivre et un vêtement pour le couvrir. Il se repose là où il fait calme, le versant d'une colline caressé par la brise, une forêt ombragée, une vallée dans la montagne. Le moine apprend ainsi à être satisfait. Ayant accédé à la vertu, il vit en paix avec tous les hommes et déborde de gentillesse et de compassion pour toutes les êtres vivants. Tel un roi qui a vaincu tous ses ennemis, le moine a dompté ses passions, en a fini avec l'inquiétude et l'anxiété, la haine, la cruauté et l'indolence. Il ne pense plus qu'aux choses qui valent la peine d'être possédées et devient ainsi calme et serein. Le bonheur qui grandit en lui remplit tout son être, comme les sources de la terre remplit un étang profond d'une eau claire et fraîche, quand bien même aucun ruisseau ne s'y jette, aucune goutte de pluie n'y tombe. »

Le Bouddha convainquit ainsi le roi Ajatasattu que celui qui renonçait à tout pour mener une vie d'élévation obtenait une récompense, y compris dans ce monde. En réfléchissant aux paroles du Bouddha, le roi sentit son cœur chavirer. « Le discours du Bienheureux était sublime ! s'exclama-t-il, Comme l'homme qui apporte une lampe dans l'obscurité pour que les choses invisibles soient révélées, Ô bienheureux, vous m'avez montré la Vérité ! Dès aujourd'hui je place ma confiance dans le Bouddha, dans la Doctrine et dans la Communauté des moines. Je suis tombé dans le péché, Ô mon Seigneur, j'ai commis une grave faute en laissant mourir mon père, un homme bon et juste. Que le Bienheureux accepte ma confession ! »

«Vous avez bel et bien péché, Ô roi, répondit le Bouddha, mais vous avez reconnu et admis votre faute et dès lors nous acceptons votre confession. Car celui qui devient lucide et confesse son péché apprendra un jour à se maîtriser.»

Tard dans la nuit, alors que la lune se couchait à l'horizon, le roi prit congé et s'en alla. Quand il fut parti, le Bouddha s'adressa à ses disciples: «Le roi a été profondément ému. S'il n'avait eu sur la conscience un si lourd péché, il aurait été converti. Mais l'œil de l'âme ne peut supporter la Vérité lorsqu'il est aveuglé par une faute.»

Chapitre XIV
Le Dernier Voyage du Bouddha

D E NOMBREUSES ANNÉES s'étaient écoulées depuis que le Bouddha avait commencé à prêcher sa doctrine. Il était désormais vieux et infirme mais il voyageait encore de village en village, transmettant son savoir et compatissant aux chagrins des hommes. Lorsque la saison des pluies arrivait, il se retirait dans l'un ou l'autre de ses monastères et ses disciples l'y rejoignaient pour écouter son enseignement et ses conseils. L'une des retraites favorites de Gautama était le jardin de Jeta, près de Savatthi, et il y passa le quarante-quatrième carême qui suivit son éveil. Ce fut la dernière fois que le Bouddha séjourna dans cet agréable refuge. Il fit ensuite le long et épuisant voyage qui mène de Savatthi à Rajgir et s'installa sur le Mont des Vautours.

Le roi Ajatasattu était alors sur le point de déclarer la guerre aux peuples du Vajji, territoire situé au nord du Gange, où se trouvait la célèbre ville de Vaisali. S'interrogeant sur ses chances de victoire, le roi résolut de consulter le Bouddha. Il envoya donc son premier ministre au Mont des Vautours. Quand cet homme eut salué le Bouddha et lui eut demandé des nouvelles de sa santé, il livra le message d'Ajatasattu. « Le roi, dit-il, a décidé d'attaquer les peuples du Vajji. Triomphera-t-il de ses ennemis ? Les éliminera-t-il définitivement ? » Le Bouddha répondit que tant que les peuples du Vajji resteraient unis, fidèles à leurs traditions ancestrales et aux préceptes qu'il leur avait un jour transmis, tant qu'ils honoreraient leurs aînés et leurs hommes saints et tant qu'ils respecteraient leurs sanctuaires, nul envahisseur ne pourrait les vaincre.

Quand le premier ministre fut reparti, le Bouddha convoqua toute la confrérie et rappela l'importance de rester unis et d'adopter une conduite juste. « Aussi longtemps que la communauté des moines continuera à se rassembler, dit-il, à vivre en parfaite harmonie, à respecter les anciens et à obéir aux règles de l'Ordre, sans jamais les modifier, aussi longtemps que les moines continueront à marcher sur les sentiers de la justice, loin des préoccupations terrestres, des bavardages futiles et des ragots, la religion du Bouddha ne déclinera pas ; elle prospérera.»

Après avoir séjourné quelque temps sur le Mont des Vautours, Gautama quitta Rajgir en compagnie d'un grand nombre de ses disciples. Ils voyagèrent vers le nord et s'arrêtèrent dans de nombreux villages. Lorsqu'ils atteignirent le Gange, ils le traversèrent à hauteur de la grande forteresse que le roi Ajatasattu faisait construire pour se protéger des peuples du Vajji. Des années plus tard, une grande cité naquit à cet endroit précis, là où le Bouddha avait traversé le Gange pour la dernière fois. Elle fut baptisée Pataliputra et devint la nouvelle capitale du Magadha. Aujourd'hui, elle porte le nom de Patna.

Le Bouddha se rendit à Vaisali puis il passa la saison des pluies dans un village avoisinant. C'est alors qu'il tomba malade ; il fut tourmenté par la douleur et la faiblesse mais supporta ces maux sans se plaindre. Ananda, qui s'occupait de lui, fut submergé de chagrin, craignant que son Maître ne passe de vie à trépas. Un jour, alors que Gautama se sentait mieux et qu'il était assis sur une natte devant le monastère, Ananda prit place près de son Maître. Il lui parla de la détresse qui l'avait assailli quand il avait eu peur de le perdre. «Ton Maître, dit le Bouddha, a désormais quatre-vingts ans. Son corps est courbé, infirme ; tout comme une charrette vétuste rafistolée avec des cordes avance péniblement, ce n'est que difficilement, laborieusement que ce corps continue d'exister. Je suis vieux, Ananda ; mon voyage touche à sa fin. Mais ne pleure pas ; trouve refuge dans la Vérité.»

Le Bouddha, qui savait que sa vie allait bientôt s'achever, demanda à Ananda de convoquer tous les disciples qui se trouvaient aux alentours de Vaisali. Quand ceux-ci se furent rassemblés, Gautama les exhorta à diffuser les vérités de la religion pure, pour le bien et le bonheur de l'humanité. Puis, lorsque la saison des pluies s'acheva, le Bouddha se remit en route vers les villages voisins. En quittant Vaisali, il se retourna et contempla longuement la ville car il savait que c'était la dernière fois qu'il la voyait. Le Bouddha se dirigea vers le nord-ouest, passant d'un village à un autre, jusqu'à arriver à Pava, où il s'installa dans une forêt de

La mort du Bouddha
(Sidney Stanley)

manguiers qui appartenait à Chunda, un forgeron. Quand celui-ci apprit que le Bienheureux séjournait dans sa forêt, il l'invita à venir chez lui le lendemain, avec tous ses disciples. Au point du jour, Chunda fit préparer un festin ; il y avait des gâteaux sucrés, du riz et des champignons. Il alla ensuite dans la forêt de manguiers pour inviter ses hôtes car, en Orient, la tradition voulait que le maître de maison aille chercher ses invités quand le festin était prêt. (On trouve par ailleurs un équivalent dans la Bible, avec l'histoire du roi qui « envoya ses serviteurs appeler ceux qui étaient invités aux noces ».) Comme les moines bouddhistes ne mangent qu'un repas par jour, entre le lever du soleil et midi, ceux qui souhaitent leur offrir l'hospitalité les invitent à prendre un repas le matin. Le Bouddha revêtit sa robe, prit sa sébile et se rendit à la maison du forgeron avec ses disciples. Quand tous furent servis, Chunda s'assit aux pieds du Maître pour l'écouter parler.

Ce jour-là, Gautama fut frappé par la maladie ; toutefois, le soir, il fut capable de se remettre en route pour Kushinagar, petite ville située au sud de Pava. Mais ses pas étaient lents et il était souvent contraint de se reposer sur le bas-côté, le voyage de sa vie était sur le point de s'achever. Un jour, alors qu'il se reposait sous un arbre près d'un ruisseau, il demanda à Ananda de lui apporter de l'eau car il avait soif. Mais Ananda, qui savait qu'une caravane de cinq cents chars à bœufs venait de traverser le gué en amont, craignait que l'eau ne soit sale et boueuse. Le Bouddha répéta sa demande une deuxième puis une troisième fois et Ananda descendit finalement au ruisseau. À sa grande surprise, l'eau était claire comme le cristal. « Comme le pouvoir du Maître est grand ! » s'exclama-t-il, pensant qu'un miracle avait eu lieu. Il remplit un bol d'eau claire et fraîche et la porta au Bouddha, qui la but et fut revigoré. La halte suivante eut lieu au bord d'une magnifique rivière et le Bouddha et ses disciples en profitèrent pour se baigner. Puis, quand le soleil fut au zénith, ils se reposèrent dans une forêt de manguiers, un peu plus loin sur le rivage.

Le Bouddha continua ainsi son chemin, lentement, péniblement, jusqu'à arriver à Kushinagar, une petite ville aux maisons de torchis, au milieu de la jungle. Non loin de là se trouvait une forêt de sâlas, où

Ananda prépara une couche pour son Maître. Entre des arbres jumeaux, ainsi appelés en raison de leur taille identique, le Bouddha s'étendit pour se reposer, la tête orientée vers le nord. Les deux sâlas fleurirent alors en un instant ; une pluie de pétales tomba sur le corps du Bienheureux et une musique céleste s'éleva dans les airs en son honneur.

Étendu dans la forêt de sâlas, calme et maître de lui, le Bouddha parla longuement avec Ananda de l'Ordre et des règles qui devraient être observées par les moines une fois qu'il ne serait plus là pour les guider. Quand Gautama eut fini son discours, Ananda fut envahi par le chagrin. Il vit que le Bouddha était mourant et alla s'isoler pour verser des larmes amères, tant la pensée de perdre son Maître bien-aimé était insupportable. Le Bouddha remarqua l'absence de son cousin. « Où est Ananda ? » demanda-t-il. Et il envoya l'un des moines le chercher. Quand son disciple revint, le Bouddha lui dit : « Ne sois pas triste, Ananda. Ainsi vont les choses ; tôt ou tard, ceux que nous aimons doivent nous quitter car la nature veut que tous les êtres qui naissent dans le monde finissent par mourir. Comment pourrait-il en être autrement ? Tu es resté très longtemps tout près de moi, Ananda ; tu as accompli de nombreux actes de gentillesse et ton amour n'a jamais vacillé ; tu as été bon. Ne relâche pas tes efforts et toi aussi, bientôt, tu trouveras la Paix du Nirvana. » Ensuite le Bouddha parla de la gentillesse, de la prévenance et des nombreuses qualités de son cousin à l'assemblée des moines ; puis il demanda à Ananda d'aller annoncer au peuple de Kushinagar qu'il se mourait dans la forêt de sâlas. Ananda se rendit alors en ville, entra dans la salle du conseil, où les nobles de Kushinagar étaient rassemblés, et expliqua qu'avant le lever du jour, le Bienheureux mourrait. Nul ne put taire son chagrin en apprenant la nouvelle, beaucoup se jetèrent par terre en pleurant, les femmes lâchaient leurs cheveux en poussant des lamentations bruyantes, tous se laissaient aller à leur tristesse, accablés à l'idée que la Lumière du Monde allait s'éteindre. Et pendant la première veille de la nuit, les hommes de Kushinagar, accompagnés de leur famille et des membres de leur foyer, rendirent visite au Bouddha expirant et se prosternèrent devant lui.

Un jeune philosophe brahmane du nom de Subhadda séjournait alors à Kushinagar. Comme il doutait de sa foi, il souhaitait ardemment discuter avec le Bouddha et alla pour cette raison dans la forêt de sâlas. Mais Ananda refusa d'importuner son Maître. « Ne le dérange pas, dit-il, il est fatigué. » Gautama, entendant des voix, demanda qui était là et fit entrer le brahmane. Subhadda fut donc admis en la présence du Bouddha, le salua avec déférence et l'interrogea sur les doctrines des grands philosophes hindous pour savoir lesquelles véhiculaient la Vérité. Mais le grand Enseignant le pria de ne pas se soucier de ces discussions érudites ; la vraie religion doit enseigner, avant toute chose, la pratique de la vertu. Ce n'est qu'en cherchant sincèrement à bien faire, en suivant le Noble Chemin Octuple, que l'on peut trouver la Paix. Subhadda écouta les mots du Bouddha ; le doute quitta son esprit et il fut converti. « Comme celui qui montre le chemin à l'homme qui s'est perdu, dit-il, comme celui qui apporte une lampe pour éclairer les ténèbres, Ô Bienheureux, vous m'avez montré la Vérité ! » Le jeune brahmane demanda à devenir disciple du Bouddha, alors Ananda le prit à part et le reçut dans l'Ordre. Il versa de l'eau sur sa tête, le rasa, lui coupa la barbe et le revêtit de la robe jaune. Ensuite, Subhadda répéta la formule des trois refuges : « Je me réfugie dans le Bouddha ; je me réfugie dans la Doctrine ; je me réfugie dans l'Ordre ». Puis il retourna auprès de son Maître et s'assit à ses côtés. Subhadda fut le dernier homme que le Bouddha convertit.

Le Bouddha parla encore avec Ananda puis il demanda à tous les disciples qui étaient présents si certains avaient des doutes quant à son enseignement et invita ceux qui souhaitaient poser des questions à le faire librement. Mais tous les moines étaient silencieux. Le Bouddha posa la même question une deuxième, puis une troisième fois, mais parmi tous ceux qui étaient présents, aucun n'était en proie au doute ou à l'incertitude.

La nuit s'écoula lentement tandis que les disciples veillaient leur Maître mourant dans la forêt silencieuse. Et à la troisième veille de la nuit, le Bouddha s'éteint.

• • • • • •

Au cours d'une cérémonie solennelle, les habitants de Kushinagar se recueillirent devant la dépouille du Bienheureux avec la même déférence que celle qu'ils auraient témoignée au plus grand des rois. Les nobles, suivis de toute la population, formèrent un long cortège qui se rendit à la forêt de sâlas. Ils portaient des guirlandes de fleurs, des parfums, des épices sucrées, des harpes, des flûtes et d'autres instruments de musique. Au-dessus du corps du Bouddha, ils installèrent un dais et y suspendirent des bouquets de fleurs de lotus. Jusqu'à la tombée du jour, la dépouille du Bouddha fut honorée à grand renfort d'hymnes, de musique et de rites religieux.

Quand tout fut prêt pour la crémation du corps, huit chefs de Kushinagar portèrent le Bienheureux dans la ville ; ils entrèrent par la porte nord, sortirent par la porte est et marchèrent jusqu'au bûcher funéraire. Le cortège avançait lentement car les rues étroites étaient noires de monde. Les gens semaient des fleurs et des épices sucrées sur leur chemin. Le corps fut ensuite incinéré et de nouvelles cérémonies eurent lieu ; enfin, les cendres furent déposées dans la salle du conseil. Afin de protéger le lieu sacré, les guerriers de Kushinagar construisirent un rempart en croisant leurs arcs et plantèrent leurs lances dans le sol pour former une sorte de treillis. Et la salle du conseil était elle-même protégée par une rangée d'éléphants, une rangée de cavaliers et une rangée de chars. Pendant sept jours, les gens rendirent hommage au Bouddha : ils déposaient des guirlandes de fleurs, jouaient de la musique et dansaient de manière solennelle.

Quand Ajatasattu, roi du Magadha, apprit que le Bouddha était mort à Kushinagar, il envoya un messager chercher une part de ses cendres ; il souhaitait en effet construire un cairn ou un monument autour des reliques du Bienheureux et organiser un festival annuel en son honneur. Les habitants de Vaisali demandèrent la même chose, tout comme les Sakyas de Kapilavatthu.

Là où le Bouddha était connu et aimé, les gens souhaitaient l'honorer et conserver son souvenir intact dans leur esprit. En tout, huit messagers se rendirent à Kushinagar pour réclamer une part de ses cendres. Au départ, les nobles de la ville refusèrent de diviser les reliques car le Bienheureux était mort sur leurs terres et ils considéraient que ses cendres devaient y rester. Une discussion animée aurait sans doute éclos si un brahmane, qui avait la foi, ne s'était adressé à la foule. Il fit remarquer qu'il serait terriblement malvenu qu'un conflit éclate autour des cendres du plus grand homme de l'humanité, qui avait toujours enseigné la paix et la tolérance. Finalement, les reliques furent séparées en huit parts et, en divers lieux du pays, huit cairns furent construits pour les accueillir. Ces monuments avaient généralement la forme d'un monticule solide et comportaient une petite salle du trésor qui abritait les reliques. Les ruines de certains de ces anciens cairns ont été découvertes et extraites du sol ; ces monuments étaient probablement gigantesques. Ainsi, par exemple, celui que les Sakyas avaient construit pour le Bouddha aurait été aussi grand que le dôme de la cathédrale Saint-Paul, à Londres.

On trouve de tels monuments dans tous les pays bouddhistes. Au Ceylan, on les appelle les Dagobas ; ailleurs, ce sont les Thaps ou les Stupas. Ils sont édifiés pour perpétuer la mémoire des hommes saints et ils ne contiennent pas nécessairement de reliques. Les croyants portent des fleurs sur ces lieux saints et s'y arrêtent pour méditer. « Quand ils se disent : "ceci est le Dagoba du Bienheureux, du Bouddha", beaucoup se sentent heureux et apaisés. »

Chapitre XV
La Diffusion de la Foi

Comme nous l'avons vu, Gautama le Bouddha, le grand réformateur, purifia les croyances religieuses de sa terre natale et offrit à ses compatriotes un idéal plus grand que tout ce que l'humanité avait pu imaginer avant le christianisme. Regarder le monde entier et tous les êtres qui y vivent avec amour et sympathie, surmonter la haine par l'amour, suivre la vertu pour la beauté du geste, ne chercher aucune récompense si ce n'est la paix intérieure et la tranquillité du cœur : voilà ce que le Bouddha espérait de ses fidèles. C'est beaucoup attendre de la nature humaine mais cette religion si exigeante, qui semble promettre si peu de choses, attire depuis toujours de nombreux croyants. En effet, le bouddhisme domine une grande partie du continent asiatique. Au Sri Lanka, en Birmanie, en Thaïlande, au Japon, en Chine, au Tibet et ailleurs, ce sont cinq cents millions d'hommes et de femmes qui professent la foi du Bouddha. Et cette religion s'est étendue par-delà les frontières sans que nul ne mette la main à l'épée, fait rare s'il en est.

Quand une religion est partagée par des races extrêmement différentes de l'humanité, qui n'ont pas les mêmes idées ou les mêmes modes de pensée, il est impossible qu'elle soit pratiquée de la même façon dans tous les pays. Et de la même manière que le christianisme de Rome n'est pas celui d'une secte comme la Société des Amis ; le bouddhisme du Tibet, avec ses cérémonies et ses rites élaborés, est différent de la Foi plus élémentaire pratiquée au Sri Lanka et en Birmanie. Peut-être pensez-vous par ailleurs que le bouddhisme prospère encore en Inde, sa terre natale, mais ce n'est pas le cas. Bien que la Foi s'y soit développée et répandue pendant des siècles, le brahmanisme finit par rétablir son emprise sur le peuple et, aujourd'hui, les doctrines du Bouddha ont pratiquement disparu de la terre où le Bienheureux vécut si longtemps. Mais même si le bouddhisme n'est plus professé par les Indiens, son influence demeure. L'enseignement du Bouddha survit dans de nombreuses sociétés charitables qui pratiquent l'hindouisme moderne, à travers les principes de l'amour et de la gentillesse à témoigner à toutes les créatures.

Après la mort du Bouddha, qui eut lieu en 480 avant Jésus-Christ, les petits États indiens, dont nous avons parlé dans notre histoire, connurent plusieurs changements. Des guerres et des périodes de troubles se succédèrent et permirent au royaume de Magadha d'annexer la plupart des États voisins et de repousser ainsi ses frontières. Pataliputra devint la nouvelle capitale du Magadha, remplaçant Rajgir ; c'était une grande et magnifique cité campée à l'endroit où se trouve aujourd'hui la ville de Patna. Les ruines de Pataliputra ont été localisées mais elles sont difficiles à extraire car elles sont enfouies à six mètres de profondeur sous la ville moderne. Le Magadha occupait une place prépondérante parmi les États indiens et était devenu un royaume vaste et puissant quand le pays fut envahi par Alexandre le Grand en 327 avant Jésus-Christ.

Quand ce dernier mourut, son gigantesque empire se fragmenta en une multitude de royaumes. Le nord-ouest de l'Inde en comptait plusieurs. Mais un an à peine après la mort d'Alexandre, les peuples de ces provinces conquises se révoltèrent. Le jeune Chandagutta était le chef de file de ces insurgés ; c'était un descendant de la famille royale du Magadha. Il avait été bandit et il devait avoir beaucoup de talent car il parvint à libérer son peuple et à repousser l'envahisseur grec hors de l'Inde. Quand une révolution éclata à Pataliputra, Chandagutta prit la tête des rebelles et, ensemble, ils triomphèrent. Le roi fut détrôné et mis à mort ; sa famille fut aussi exécutée. Chandagutta fut proclamé roi du Magadha. Il régna pendant vingt-quatre ans et s'avéra habile dans ses fonctions, mais aussi cruel. Chandagutta conquit de nombreuses terres et, comme c'est sous son règne qu'une grande partie de la péninsule indienne fut pour la première fois rassemblée sous une même bannière, il peut être considéré comme le premier Empereur de l'Inde. Son fils Bindusâra lui succéda et régna pendant vingt-huit ans, mais l'on sait peu de choses à son sujet.

Le grand Empire indien fondé par Chandagutta passa aux mains de son petit-fils, Ashoka, en 273 avant Jésus-Christ. Comme son père et son grand-père, Ashoka grandit dans la religion brahmanique. C'était un dirigeant sage et juste et il contribua beaucoup au bien-être de son peuple au cours de ses quarante années de règne. Lors de sa treizième année sur le trône, Ashoka entra en guerre avec le royaume de Kalinga, qui s'étendait le long du golfe du Bengale. Les combats firent rage et le sang coula. Cent mille hommes furent massacrés au cours des affrontements ; les prisonniers furent encore plus nombreux ; beaucoup succombèrent à des maladies. Finalement, l'armée d'Ashoka triompha et le Kalinga devint une province de l'Empire indien.

Les livres d'Histoire qui racontent la vie des grands conquérants, comme Alexandre le Grand ou Napoléon, montrent que le succès attise la soif de conquête. Sans égard pour la détresse qui marche sur les talons des envahisseurs, ces conquérants continuaient à planifier de nouvelles campagnes, aspirant toujours à assujettir de nouveaux territoires. Mais pour le roi indien, les conquêtes avaient plutôt un goût amer. Ashoka fut bouleversé en pensant à la misère qu'il avait semée au Kalinga et il était en proie aux remords les plus sincères. L'état d'esprit de ce roi indien qui vécut il y a plus de deux mille ans, nous le connaissons grâce à des stèles et des pierres sur lesquelles le grand Empereur Ashoka faisait graver ses décrets et ses déclarations. Aujourd'hui encore, ces monuments parsèment tout le pays.

Certaines inscriptions se trouvent sur de hauts et élégants piliers, souvent ornés de magnifiques gravures de fleurs et d'animaux ; d'autres sont gravées sur des rochers ou dans des grottes, dans des lieux déserts, sauvages, recouverts d'un toit de feuilles et de branchages. Longtemps, ces messages sont restés obscurs car ils sont écrits dans une langue oubliée. Mais petit à petit, à force de patience et de minutie, les chercheurs ont appris à les lire. C'est ainsi qu'aujourd'hui les mots d'Ashoka peuvent être déchiffrés et compris. Il est tout à fait étonnant de penser que ces lettres taillées dans la pierre puissent nous livrer les pensées d'un roi ayant vécu il y a si longtemps !

L'un des décrets les plus intéressants fut publié quatre ans après la conquête du Kalinga. Il parle « de la profonde tristesse et des regrets » que « sa vénérable Majesté » éprouvait depuis la guerre qui avait semé tant de malheurs. «Cent cinquante mille personnes ont été faites prisonnières, cent mille ont été massacrées, et des centaines de milliers d'autres ont péri,» peut-on lire. Ashoka parle aussi des remords qu'il ressentait depuis la prise du Kalinga «parce que la conquête d'un pays jamais conquis auparavant amène son lot de massacres, de morts et de prisonniers». Il regrettait que des hommes saints et d'autres innocents aient connu le malheur et l'adversité à cause de la guerre. Mais l'annonce la plus importante de ce décret est la suivante : «Dès l'annexion du Kalinga, sa vénérable Majesté a commencé à protéger avec zèle la Loi de la Piété, à aimer cette Loi, à donner des instructions en La respectant.» La Loi de la Piété à laquelle le roi fait référence est la Doctrine du Bouddha. Car les remords d'Ashoka le conduisirent à la Foi qui cherche non pas à tuer mais à épargner la vie, à apporter le bonheur à toutes les créatures vivantes. Avoir fait souffrir des innocents le remplissait de tristesse et ce n'était pas un regret vide ou éphémère car, dès qu'il adopta la Doctrine du Bouddha, Ashoka fit tout ce qui était en son pouvoir pour promouvoir le bonheur et le bien-être de son peuple. «Tous les hommes sont mes enfants, dit Ashoka, et si je souhaite à mes enfants prospérité et bonheur dans ce monde et dans le suivant, je le souhaite aussi pour tous les hommes.» Ashoka désirait également que les tribus insoumises aux frontières de l'Empire n'aient pas peur de lui, qu'elles lui fassent confiance, qu'elles reçoivent de lui du bonheur plutôt que de la tristesse. Ce roi, qui s'était conquis lui-même, n'était-il pas bien plus grand que tous les dirigeants qui conquirent des nations et des royaumes et laissèrent derrière eux le souvenir d'une peine et d'une douleur indicibles ?

Après sa conversion, Ashoka fut un disciple laïque pendant deux ans et demi, puis il rejoignit l'Ordre et accomplit à la fois ses devoirs de moine et ses tâches de dirigeant. Il travaillait dur pour le bien de son peuple et à bien des égards il améliora la condition de ses sujets. Il fit construire des routes, bâtir des ponts, creuser des puits et planter des arbres. Le long des grandes routes, il fit édifier des gîtes et des installations pour le confort des voyageurs. Il ouvrit aussi des hôpitaux et des cliniques vétérinaires dans tout l'Empire. Les bouddhistes, vous l'ignorez peut-être, furent les premiers hommes à construire des hôpitaux et à offrir des soins particuliers aux malades. Aujourd'hui encore on trouve plusieurs cliniques vétérinaires en Inde, témoignages de la bonté des bouddhistes envers les animaux.

Ashoka fit beaucoup pour le bien-être matériel de son peuple mais il pensait que la plus belle chose qu'il puisse lui offrir était la doctrine du Bouddha. Il envoya donc des professeurs dans tout l'Empire car, à ce moment-là, le bouddhisme ne s'était pas encore propagé dans toute la péninsule indienne. Des lois furent édictées pour protéger les préceptes du Bouddha, notamment pour garantir un traitement juste aux animaux. Les bêtes ne devaient plus être massacrées au cours de sacrifices et il était interdit de tuer les oiseaux et les animaux qui ne se mangeaient pas. La chasse royale fut abolie et au lieu de se livrer à des parties de chasse comme il le faisait avant sa conversion, le roi faisait des pèlerinages. Il alla ainsi deux fois sur le lieu de naissance du Bouddha où il érigea un pilier qui portait l'inscription « Ici naquit le Bienheureux ». Ashoka visita aussi les autres endroits où s'étaient déroulés les événements majeurs de la vie du Bouddha : l'arbre Bo sous lequel Gautama avait atteint la sagesse, le monastère de Jeta où il avait si longuement enseigné, la forêt de sâlas de Kushinagar où il était décédé. Ashoka fit ériger de nombreux monastères et Stupas et, près de l'arbre Bo, il fit construire un temple magnifique dont les ruines existent encore.

Même si Ashoka était très attaché à la religion à laquelle il s'était converti, il fit toujours preuve de tolérance à l'égard de ceux qui avaient d'autres croyances. L'un de ses décrets sur la tolérance commence ainsi : « Sa vénérable et gracieuse Majesté vénère les hommes de tous les cultes. » Ashoka suivait l'enseignement du Bouddha et considérait qu'une bonne conduite était plus importante que des rites et des cérémonies. Il était convaincu de l'importance pour un homme d'agir selon ses croyances.

Au cours du règne d'Ashoka, un grand conseil ecclésiastique rassemblant les doyens de la communauté se tint à Pataliputra. Les Ecritures bouddhistes y furent récitées et la Doctrine fut formulée de manière claire afin d'éviter les divisions et les hérésies. C'était la troisième fois que ce conseil avait lieu depuis la mort de Bouddha.

Non content d'avoir instauré la Foi sur ses terres, Ashoka développa ensuite un projet pour diffuser l'enseignement du Bouddha à l'étranger. Imaginez ce que représentait une telle entreprise à l'époque, quand les moyens de transport étaient rudimentaires ! Des missionnaires furent envoyés dans la région de l'Himalaya et dans les terres frontalières au nord-ouest de l'Empire ; la Foi prit ainsi racine au Tibet, en Chine, en Mongolie, en Corée et au Japon, autant de pays où elle prospère encore aujourd'hui. Ashoka envoya aussi des hommes dans l'ouest de l'Asie, en Europe de l'Est et même en Afrique du Nord. Il fit partir Mahendra, son propre fils (ou son frère cadet, selon certaines sources) au Sri Lanka. Celui-ci avait rejoint l'Ordre des moines douze ans auparavant et arriva sur l'île avec un groupe de religieux. Il fut bien accueilli par le roi qui, très vite, se convertit au bouddhisme. Nombre de ses sujets suivirent son exemple. À Anurâdhapura, qui était alors la capitale de l'île, le roi fit construire un grand monastère et un magnifique Dagoba, encore debout aujourd'hui.

Mahendra passa le reste de ses jours au Sri Lanka. Non loin d'Anu-râdhapura, une splendide colline surplombait toutes les plaines avoisi-nantes ; sur le versant ouest, une petite alcôve fut creusée dans la roche. Cette retraite tranquille, loin du vacarme de la ville, était le lieu où Mahendra méditait. C'est là qu'il mourut après une longue vie consa-crée au bien des autres.

Quand le Bouddha avait atteint la sagesse qui lui permit d'enseigner à l'humanité, il était assis, vous vous en souvenez, sous un pipal près des forêts d'Uruvela. Cet arbre, connu depuis comme l'arbre Bo, ou Arbre de la Sagesse, était vénéré par les bouddhistes, car c'était sous ses branches que le Bouddha atteignit la Grande Paix ! Les habitants du Sri Lanka qui s'étaient fraîchement convertis souhaitaient, c'est bien na-turel, planter une bouture de l'arbre sacré ; ils demandèrent donc au roi Ashoka de leur donner une branche. Celui-ci y consentit et envoya sa fille, qui avait rejoint la Communauté des moniales, porter une bouture de l'arbre sacré au Sri Lanka, accompagnée d'un groupe de nonnes. La précieuse pousse fut plantée à Anurâdhapura où elle grandit et fleurit. Aujourd'hui, cet arbre existe encore : c'est l'arbre le plus vieux au monde. Les moines qui vivent dans l'un des vieux monastères de l'île s'en occupent attentivement. Ils le chérissent car, depuis plus de deux mille ans, il commémore la vie de leur Maître bien-aimé. La ville d'Anurâdhapura, autrefois splendide, a quant à elle pratiquement disparu, enfouie sous l'épaisse végétation de la jungle sri lankaise.

Quoique le bouddhisme diffère à de nombreux égards de notre religion chrétienne, nous ne pouvons que respecter une Foi qui a guidé un si grand nombre d'hommes. À l'image d'Ashoka, honorons ceux qui suivent la vérité que leur enseigne leur culte.

Un homme qui cherchait la Vérité posa un jour cette question à Gautama : « Où puis-je trouver, au milieu de la rivière trouble qu'est la vie, qui charrie la mort et la pourriture, une île, un refuge contre le mal du monde ? » Et le Bouddha lui répondit : « Il existe une île où la mort n'a aucun pouvoir. C'est le Nirvana, la Paix éternelle. » Depuis, des milliers d'hommes et de femmes croient en cette promesse du Bouddha et marchent vers cette « autre rive », en quête de la Paix du Nirvana !

Livres Consultés

- *Buddhism*. Rhys Davids.
- *Buddhism*. Mrs Rhys Davids.
- *The Life of the Buddha*. W. Rockhill.
- *The Life of Gaudama*. Bigandet.
- *Buddha*. Trans, from the German of Oldenberg.
- *Buddhist Birth Stories*. Rhys Davids.
- *Buddhist Suttas*. Trans, by Rhys Davids.
- *Dialogues of the Buddha*. Trans, by Rhys Davids.
- *The Dhammapada and Sutta-Nipata*. Max Miiller and Fausboll.
- *Buddhism*. Coplestone.
- *Buddhist India*. Rhys Davids.
- *Asoka*. (Rulers of India Series.) Vincent Smith.

Discovery
Publisher

Les Éditions Discovery est un éditeur multi-média dont la mission est d'inspirer et de soutenir la transformation personnelle, la croissance spirituelle et l'éveil. Avec chaque titre, nous nous efforçons de préserver la sagesse essentielle de l'auteur, de l'enseignant spirituel, du penseur, guérisseur et de l'artiste visionnaire.

www.ingramcontent.com/pod-product-compliance
Lightning Source LLC
LaVergne TN
LVHW091155080426
835509LV00006B/694